高校网球运动文化研究

彭炤灯 著

中国原子能出版社

图书在版编目（CIP）数据

高校网球运动文化研究 / 彭焰灯著. -- 北京 ：中
国原子能出版社, 2024. 7. -- ISBN 978-7-5221-3535-9

Ⅰ. G845

中国国家版本馆 CIP 数据核字第 2024B0J426 号

高校网球运动文化研究

出版发行	中国原子能出版社（北京市海淀区阜成路 43 号　100048）	
责任编辑	杨　青	
责任印制	赵　明	
印　　刷	北京金港印刷有限公司	
经　　销	全国新华书店	
开　　本	787 mm×1092 mm　1/16	
印　　张	11.25	
字　　数	162 千字	
版　　次	2024 年 7 月第 1 版　2024 年 7 月第 1 次印刷	
书　　号	ISBN 978-7-5221-3535-9　　　　定　价　**72.00 元**	

发行电话：**010-68452845**　　　　　　　　版权所有　侵权必究

前　言

　　网球运动是一项文化底蕴深厚的体育运动。近年来，网球运动在我国急剧升温、快速发展。作为极富活力、追求时尚、思想水平较高的年轻群体，大学生在健康、时尚、社交、审美等方面也有较高需求，网球运动的特点正符合大学生的这些心理特征。因此，网球运动就成为了大学生非常喜爱的一项体育项目。随着网球运动与校园体育文化的融合，高校网球文化建设也取得了一定的成绩，这对于培养大学生的终身体育意识，培养新时代全面发展型人才具有重要意义。

　　本书第一章为网球运动文化概述，介绍了网球运动的历史文化、网球运动文化的内涵与特点、网球运动的礼仪和审美文化、网球运动文化的多元价值四个方面的内容；第二章为网球运动与各种文化的融合，主要介绍了四个方面的内容，依次是网球运动与休闲体育文化的融合、网球运动与校园体育文化的融合、网球运动与家庭体育文化的融合、网球运动与传统体育文化的融合；第三章为高校竞技网球运动文化，介绍了四个方面的内容，依次是高校网球运动竞赛的组织、高校网球运动竞赛的编排、大学生网球联赛的开展、高校网球竞技文化的传承；第四章为校园网球运动文化

1

解读，依次介绍了高校网球运动文化发展现状、大学生网球文化观念与素养培养、校园网球运动文化体系构成、校园网球运动文化传承与发展等四个方面的内容；第五章为高校网球运动文化建设，主要介绍了三个方面的内容，分别是高校网球文化建设的价值与意义、高校网球运动文化建设模式、高校网球运动文化建设策略；第六章为高校网球运动课外拓展，分别介绍了高校网球运动队建设、高校网球社团建设、高校网球俱乐部建设、高校网球复合型人才基地建设四个方面的内容。

在撰写本书的过程中，笔者参考了大量的学术文献，得到了诸多专家、学者的帮助，在此表示感谢。本书内容全面，条理清晰，但由于笔者水平有限，书中难免有疏漏之处，希望广大读者及时指正。

目　录

第一章　网球运动文化概述

本章主要介绍网球运动的历史文化、网球运动文化的内涵与特点、网球运动的礼仪和审美文化、网球运动文化的多元价值四个方面的内容。

第一节　网球运动的历史文化

网球运动是集健康、休闲和时尚于一身的"贵族运动"，随着网球运动的不断发展，网球文化逐渐形成。发展网球运动，推广网球文化，对全民健身发展具有重要的推动作用。

一、国际网球运动的发展

网球运动起源于 12—13 世纪的法国，具体起源于法国教堂中一种比较流行的用手掌击球的游戏。网球的英文表达是 Tennis，它源于法语中发球时提醒对方注意的感叹词 Htenez（"抓住"）。网球游戏最初是在法国教堂中流行，后来大约在 14 世纪中叶被法国诗人传到宫廷中。此后，作为消遣活动的网球游戏得到了王公贵族的喜爱。早期网球游戏中所用的球是用头发、布和绳子制作而成的，即头发上裹着布，然后绑上绳子，游戏场地中间用一根绳作为分界线，游戏者通过用双手来回拍打球。

14 世纪中叶，法国王储给英国国王赠送网球，这项室内消遣活动也因此传入英国。英国国王对这项活动十分喜爱，还在宫内建了专门开展网球活动的网球场。从此，英国贵族阶层中开始盛行网球活动，这就是网球运动素有"贵族运动"之称的主要原因。

16—17 世纪，网球活动在法国和英国宫廷中开展得越来越频繁。之后，用双手充当球拍而击球的游戏方式被人们厌倦，然后慢慢出现了板拍和球拍。最初贵族击球时用的是皮制手套，之后又用板拍、木制球拍。同时，场地中间不仅悬空拉起一根作为分界线的绳子，还在这个长绳上系了许多垂直于地面的短绳，这样便于及时发觉穿过绳下的球。17 世纪初，小方格网代替了绳帘，并开始使用穿线球拍。与此同时，球也发生了变化。起初，由于人们穿着宫廷服饰打球，不方便大范围跑动，因而也没有严格要求球的弹力，所以当时用的是由羊毛和麻制成的、非常柔软且弹力小的球。随着网球运动的不断发展，网球服装、场地和器材都有了一些变化，如服饰轻便、场地扩大、出现板拍等。为适应这些变化，对球体本身也提出了较高的要求。于是出现了在皮革中填充锯屑和细砂而制成的球，这种球弹力较大，而且更结实。穿线球拍出现后，用皮革、棉、麻制成的球也应运而生，并有黑、白两种颜色，以适应不同的场地特征。橡胶制成的网球是在 1845 年首次出现的，这是网球运动发展历史上一次具有重要意义的变革。

在网球运动的发展中，英国人哈利·梅姆的贡献不可小觑。他于 1858 年在英国伯明翰建造了草地网球场，对早期网球游戏的发展起到了推动作用。1872 年，他又创建了网球俱乐部，使网球游戏的影响进一步扩大。对于现代网球运动的形成，哈利·梅姆功不可没。

1873 年，被誉为"近代网球之父"的温菲尔德将传统的网球游戏改造成一项夏季草坪娱乐活动，并以"草地网球"来命名这项活动。这一年他还出版了详细介绍草地网球的小册子——《草地网球》。草地网球作为一项娱乐性的室外活动很快在英国流行起来。

1874 年，网球场地面积和球网距离地面的距离被明确下来。1877 年 7 月，全英板球俱乐部首次举办温布尔登男子网球单打比赛。此次比赛中，球网中央距离地面的高度是 90 厘米。1884 年，球网中央高度改为 91.4 厘米，首届温布尔登比赛采用的比赛规则至今也在沿用。

1874 年，美国运动员奥特布里奇从英国购买网球器材，用这些器材建立了美国第一个网球场。由此，拉开了美国网球运动发展的序幕。1881 年，美国成立草地网球协会，该组织首次举办美国男子冠军锦标赛，之后美国网球的发展速度与影响力逐渐赶超英国和法国。

1891 年，法国首次举办只有法国公民才可参加的男子网球单打和双打锦标赛。1896 年，第 1 届夏季奥林匹克运动会在雅典举行，网球项目从该届奥运会开始到第 7 届奥运会都是正式比赛项目。

1900 年，美国人戴维斯捐赠了价值不菲的"戴维斯杯"（国际草地网球挑战杯），旨在促进网球运动员之间建立友谊，后来戴维斯杯成为男子团体锦标赛的永久性流动杯。奖杯上会刻上每一年的冠军队及其队员的名字，在国际网坛上的声誉非常高。1904 年，澳大利亚草地网球协会成立，首届澳大利亚网球锦标赛于 1905 年举办，该赛事起初只设立两个比赛项目，即男子单打、男子双打。

1912 年，国际网球联合会（世界最高网球组织）成立，总部设在伦敦。1919 年，抽签首次采用"种子"制度。1922 年，澳大利亚网球锦标赛增设女子单打、女子双打和混双比赛项目。

网球运动从 1945 年开始呈现出职业化发展趋势。1963 年，第 1 届女子网球团体赛——联合会杯网球赛在伦敦举办。1968 年，职业网球运动员和业余网球运动员可以参加同一赛事的参赛制度开始实行。世界男子职业网球运动员的"自治"组织机构——国际男子职业网球协会和以维护女子职业网球选手利益为目的的组织机构——国际女子职业网球协会分别于

1972 年和 1973 年先后成立。

20 世纪 70 年代以后，网球运动发展迅猛，主要原因有两点：第一，温布尔登等网球锦标赛允许职业网球运动员参加，职业网球赛事蓬勃发展，取消了一直横在职业选手与业余选手之间的界限，使得网球比赛变得更加激烈而充满活力，运动员的技术水平也在各种比赛的锻炼和运动员之间的交流中不断提高。网球比赛吸引了许多网球迷的关注，并且观众人数也在逐渐增加。第二，随着网球装备的不断更新和科技创新的不断推动，使网球运动员的技术水平得到了显著提升，培养出了更多优秀的运动员，推动了网球运动的进一步发展。

20 世纪 90 年代后，网球运动进一步发展，主要表现在四个方面：第一，网球运动的普及程度提升，国际网联注册的网球协会数量增加；第二，网球运动的竞技水平显著提升，高水平的网球比赛愈发激烈和精彩；第三，网球运动对运动员的力量、速度等运动素质方面的要求越来越高，并向着力量型、速度型的方向发展，这主要与网球拍的改革有关；第四，网球大赛的奖金数额显著提升，网球的商业化进程加快，职业化水平提高。

自 21 世纪开始，网球运动变得更加普及，运动员的技术水平迅速提升。同时，他们也面临着更加激烈的比赛竞争，网球运动展示出力量型、速度型的发展趋势。另外，随着时代变化，网球不再只是单纯地作为一项运动，它的职业化、商业化的特点更加明显，四大网球公开赛的影响力也在不断增强。作为一项深受人们欢迎的运动，网球以其自身的魅力和技巧不断吸引着更多的网球爱好者和观众参与这项运动。

总之，网球运动以其独特的魅力和不断进步的技术吸引了越来越多的人参与其中，不管是竞技网球，还是大众网球，都将取得更加辉煌的成绩。

二、网球运动在中国的发展

（一）我国网球运动的发展历程

1885 年前后，外国传教士与商人将网球运动引入我国的上海、广州等大城市，这项运动在我国最初流行于商人和传教士之间，之后逐渐出现在大城市的教会学校。1898 年，我国网球发展历史中最早的校园网球比赛——斯坦豪斯杯赛在上海圣约翰书院举行。自 1906 年开始，在北京、广州、上海、南京等大城市中的一些学校相继举办过一些校际网球比赛，校园网球赛事的举办对我国普及与传播网球运动起到了重要的促进作用。

旧中国的网球界和国际网坛的交往是从 20 世纪初开始的，中国男子网球队参加过 1915 年的第 2 届至 1934 年的第 10 届远东运动会，女子队则参加了第 6 届至第 10 届的远东运动会网球表演赛。

20 世纪二三十年代，我国只有少数人参加网球运动。1924—1946 年的戴维斯杯比赛中，我国曾 6 次派代表队参赛，那时著名的网球选手有林宝华、邱飞海、许承基等。其中，邱飞海是第一个参加温布尔登网球赛的中国运动员，也曾在 1924 年打进过温布尔顿网球赛的第二轮。随后，许承基也参加了温布尔登网球赛，他的最好成绩是打进第四轮，并于 1938 年被列为世界网球第 8 号种子选手。他也曾在 1938 年和 1939 年的英国硬地网球锦标赛的中夺得两届单打冠军，林宝华和邱飞海则登上第八届远东运动会的冠军领奖台。

自新中国成立后，网球运动在中国迅速兴起。1953 年，中国网球协会（CTA）在北京正式成立，并于 1981 年加入国际网球联合会。1953 年中国网球协会在天津举办了中国首届全国网球表演赛，从此以后，中国每年都会举行各种形式的全国性网球比赛。在过去的全国比赛中，许多杰出的选手从中脱颖而出。

自 1956 年起，中国网球运动开始与国际接轨。印度尼西亚队是首个访问我国的外国网球队，我国首支网球代表队在 1957 年前往斯里兰卡。此后，中国网球选手与来自 30 多个不同国家和地区的球员切磋过技艺，参加了多场国际赛事并取得了令人满意的成绩。1959 年，中国网球运动员朱振华和梅福基在波兰索波特国际网球赛上夺得了男子双打冠军，这是中国网球运动员首次获得该奖项。从 20 世纪 60 年代开始，我国为扩大网球交往，学习他国经验，提升我国网球运动的水平，先后和 30 多个国家与地区展开了网球交流，并积极参加世界重要的网球比赛，获得的成绩较 1949 年以前有很大的进步。20 世纪 80 年代以后，我国网球运动的发展与进步更加显著。如表 1-1-1 所示，罗列了我国从 20 世纪 60 年代至今在一些重大网球比赛中取得的成绩。

表 1-1-1　我国在国际网球比赛中获得的成绩（部分）

时间	赛事	成绩
1959 年	索波特国际网球赛	男双冠军（朱振华/梅福基）
1965 年	索波特国际网球赛	女单冠军（戚凤娣）、女单亚军（徐润珍）
1986 年	第 10 届首尔亚运会网球比赛	女单冠军（李心意）
1990 年	第 11 届北京亚洲运动会网球比赛	男团冠军、男单冠军（潘兵）、男双冠军（夏嘉平/孟强华）
1991 年	联合会杯网球团体赛	女子网球队获 16 强
2004 年	雅典奥运会	女双冠军（李婷/孙甜甜）
2006 年	澳大利亚网球公开赛、温布尔登网球锦标赛	女双冠军（郑洁/晏紫）
2011 年	法国网球公开赛	女单冠军（李娜）
2014 年	澳大利亚网球公开赛	女单冠军（李娜）
2018 年	雅加达亚运会	女双冠军（徐一璠/杨钊煊）
2023 年	杭州亚运会	女单冠军（郑钦文）

除了在比赛中取得的优异成绩外，我国网球运动的发展还体现在从事网球运动的人分布在各个阶层、参与数量不断增加、注册的专业运动员数量提升、高校普遍开设网球课程等。这些都说明我国网球运动进步明显，

取得了令人振奋和鼓舞的成绩。

自 21 世纪起，中国网球比赛进入了一个全新的发展阶段。2004 年，北京举办了男女综合性网球赛事，即中国网球公开赛。该赛事于 2009 年经过调整后全面升级，其中女子赛事变更为皇冠明珠赛事，男子赛事变更为 ATP500 赛。2009 年，上海将大师杯球赛晋级为 ATP1000 级别，使其成为 ATP 世界巡回赛中等级最高的比赛。全球只有九座城市举办此类赛事，而上海则是亚洲唯一的主办城市，这些国际知名赛事的举办对中国的网球产业产生了巨大的推动效应。

近年来，我国的网球运动迅速发展壮大，尤其是女子比赛项目水平突飞猛进，引起了国内对这项世界级球类运动的热情追捧。同时，大众参与网球活动的趋势也逐渐高涨。网球运动在我国正快速地在广泛的人群中推广并逐步普及，越来越多的人参与到网球运动之中。网球运动经过从教会游戏到宫廷化、民间化、竞技化和市场化等几个关键阶段的发展，如今已成为一个庞大的产业。它不仅在强身健体、竞技娱乐和文化教育等方面发挥作用，而且在经济层面的价值地位也举足轻重。这项运动已经开始改变人们的生活方式，并逐步朝着社会化和国际化方向发展，在全球互通的环境中逐渐实现一体化。

随着世界经济一体化的推动，文化全球化也在迅速发展，外来文化对我国民族传统文化的发展造成了冲击。然而，换个角度看，全球化也推动了世界各国文化之间的交流和互动，为彼此之间的进一步发展和融合提供了动力和机会。

当前，全球网球运动的进步其实在深层次上展现了各种文化之间的交流和融合，以及文化之间的认同。随着现代网球在全球各地的推广和发展，人们以当地传统文化为灵感，对这项运动进行创新和丰富，也促进了跨国的多元文化交流。

在全球化的今天，中西文化的互动与融合达到了前所未有的高度。在文化交流中，各种文化相互学习，相互融合。改革开放以来，中国积极参与全球化进程，推动网球产业快速发展，展现出后发优势，在奥运会等比赛中取得优异成绩。但必须认识到，中国网球在技术、战术和理念上与发达国家仍有一定差距。现在，需要探索网球文化的起源和发展规律，以及促进网球运动产业化、社会化和国际化的途径。幸好网球行业的管理机构和俱乐部已经认识到了这一实际情况，开始邀请知名的外国教练到中国执教、指导、培训，同时派遣优秀球员到国外接受高水平的训练。我们要学习世界网球强国的网球文化，汲取其精华，推动网球项目实现质的飞跃。

（二）我国网球运动的发展特征

我国男女网球选手在竞技水平上存在明显的差异。在 2004 年的雅典奥运会网球女子双人比赛中，李婷和孙甜甜搭档取得了冠军，为中国女子网球在国际舞台上赢得了赞誉。2006 年，郑洁/晏紫先后赢得了澳大利亚网球公开赛和温布尔登网球锦标赛的女双冠军，这在女子网球双打领域堪称至高成就。此后，中国女子网球单打也取得了一定进步，郑洁、李娜、郑钦文等表现出色，她们在 WTA 排名中都位居前 30 名。中国女子网球在国际舞台上取得了优异的成绩，显示了中国网球运动发展的潜力，然而中国男子网球在世界顶级水平的比赛中仍然存在很大差距。中国男子网球队在身体素质、训练方式等方面仍有待提高。目前网球在我国大众中的普及和开展仍处于初级阶段，进行网球运动的绝对人数低于欧美国家，此外大众对网球文化的理解也不高。

三、网球运动史上的风云人物

（一）比尔·泰登

美国男子网球运动员泰登在 1912—1930 年，参加 192 项比赛，共获得 138 项比赛的冠军，胜率达到了 93.6%。共赢得 16 个美国公开赛的冠军，包括 7 个单打、5 个双打和 4 个混合双打。1916 年，泰登从美国国内排名第 70 位一举升至第一位。那时，他只有 23 岁。在接下来的四年里，泰登不仅取得了世界冠军的荣誉，还成功地创造了网球界神秘人物"大比尔"的形象。他在国际网球赛场上备受瞩目，成为当时最受关注的明星。

（二）弗雷德·佩里

英国男子网球运动员佩里在 1933—1936 年，共赢得 8 项大满贯赛事的冠军，并排名世界第一，在 1937 年事业达到顶峰状态时突然宣布退役。在戴维斯杯赛中，保持了单打比赛 34 胜 4 负和双打比赛 11 胜 3 负的纪录。在 1933—1936 年期间，他基本上赢得了所有的比赛，不仅在 8 场重要比赛中夺冠，还为英国网球界赢得了声誉。1933 年，佩里帮助英国队赢得了戴维斯杯，并在单打比赛中始终保持不败地位，这使得英国成功地保持了戴维斯杯 4 年的冠军地位。在 1934 年至 1936 年期间，他连续 3 次赢得了温布尔登网球锦标赛的冠军，成为备受瞩目的温网霸主，他是第一个取得 4 项大满贯冠军的网球男运动员。

（三）罗伊·埃莫森

澳大利亚男子网球运动员埃莫森保持男子大满贯赛事的 28 项冠军纪录，包括 12 项单打和 16 项双打。在戴维斯杯比赛中，保持 34 胜 4 负的纪录。1964 年，赢得 3 项大满贯赛事的冠军，并创下 109 胜 6 负的战绩。埃莫森在争夺戴维斯杯的比赛中也展现出了强大的实力。在 9 年的时间里，他领导澳大利亚队夺得了 8 次戴维斯杯冠军，是澳大利亚队表现最出色的成员。除此之外，他也没有忽视其他比赛的舞台，他在 12 场比赛中夺得大满贯冠军，并且保持这一纪录长达 32 年，直至 2002 年夏天被桑普拉斯超越。

（四）博格

瑞典男子网球运动员博格在 1976—1980 年，连续 5 年夺得温网冠军。

博格在 1974 年赢得第一个法网冠军，当时仅 18 岁，此后他又夺得 5 次法网冠军。2000 年 1 月，瑞典体育协会主办了一次评选活动，以表彰本世纪最杰出的运动员。当评委公布网球明星博格被选中时，现场爆发出一阵雷鸣般的掌声，人们纷纷欢呼庆祝他的胜选。博格被认为是瑞典的"职业杀手"，在比赛中总是给人一种戴着面具的感觉，人们难以猜透他的内心想法，这种心理战术正是博格成功的关键策略。他的心理素质超群，在一场温网决赛中，博格和麦肯罗这两名顶尖选手对决，前 4 盘比赛打成平局，在第 5 局比赛中，他们将比分打到了惊人的 34 比 32 才决出胜负，这种情况在大型网球赛事中相对较少见。博格在比赛中展现出了惊人的耐力，人们惊讶地发现他在打第 5 盘时依然保持着与第 1 盘时一样的活力，这得益于他教练的日常指导和他自身的努力，因此人们经常说，博格的最大优势在于他强健的身体。

（五）桑普拉斯

皮特·桑普拉斯是一位备受尊敬的美国男子网球选手，他在温布尔登赛场上创造了许多不朽的传奇，是史无前例的优秀草地球员，夺得了 14 项大满贯。1990 年，桑普拉斯赢得了他职业生涯中的首个 ATP 冠军头衔。在 19 岁生日后的第 28 天，他战胜了阿加西，成为美网历史上最年轻的男单冠军。在 1993—1998 年，他成为连续 6 年世界排名第一的网坛选手。在 1993—2000 年的 8 年中，他 7 次夺得温网男单冠军，并且平了埃莫森 12 项大满贯赛事单打冠军的纪录。在 2002 年美网的决赛中，他以 6:3、6:4、5:7、6:4 击败了阿加西，夺得了自己的第 5 个美网冠军，同时也赢得了自己的第 14 个大满贯赛事冠军，成为有史以来赢得大满贯冠军最多的男选手。

（六）安德烈·阿加西

美国男子网球运动员阿加西共获得 55 项单打冠军头衔，其中包括 8

个大满贯赛事的冠军。他在 1992 年夺得了温布尔登网球锦标赛的冠军，并在 1994 年获得了美国网球公开赛的冠军，1999 年获得了法国网球公开赛的冠军，达到了他职业网球生涯的巅峰。他被认为是历史上最杰出的运动员之一，在接发球和第一时间击球方面表现出色，同时心理素质和体能也十分出众。阿加西的正手击球具有惊人的力量，尤其是在侧身击出那些令人难以应对的对角线球，使对手很难防守。他的反应速度惊人，被广泛认为是顶尖的接发球选手，他能迅速洞察并回击对手的球，并巧妙地利用对手击球的力量快速反击将球打回对方场地。许多对手在面对阿加西时都要保持警惕，因为他的发球速度很快，而且他的回球速度也同样快。他左右开弓，在各方面的技术都十分纯熟，专注于进攻，使对手倍感压力。阿加西的动作娴熟自如，优雅非凡。穿上潮流的运动服装，甚至配上头巾和耳环，让他在年轻观众中备受喜爱。

（七）张德培

张德培是历史上最杰出的华裔职业网球选手之一。他在比赛中表现出极强的毅力和决心，从不轻易放弃，跑步速度极快，他因此也获得了"飞毛腿"的称号。然而，他在力量和柔韧性方面似乎还有所欠缺。1987 年，张德培开始了自己的职业球员生涯，在他的运动生涯中，最辉煌的一刻要属 1989 年夺得了法国网球公开赛冠军。在 1989 年，17 岁的张德培在比赛中战胜了瑞典知名选手埃德伯格，成为最年轻的法网和大满贯冠军。1996 年，他在年终排名中名列第二，这也是他职业生涯中的最佳成绩。他在 8 场比赛顺利晋级决赛，其中包括澳大利亚公开赛（输给了德国选手贝克尔）和美国网球公开赛，在美国网球公开赛的决赛中输给桑普拉斯，令人遗憾。如果他当时赢得比赛，他不仅将获得自 1989 年法网之后的第二个大满贯冠军，他还将超越桑普拉斯，成为世界第一。1996 年，张德培在北京沙龙赛中半途出局，使他未能达成五连冠的目标。1997 年，他赢得了 4 项冠军，并在年终排名中连续两年位居第二名，成功晋级澳大利亚公开赛的半决赛。1998 年 9 月，在上海公开赛中，张德培战胜了克罗地亚的"发球机器"伊万尼塞维奇。

（八）费德勒

罗杰·费德勒是瑞士球员中备受关注的一位，他在 19 岁时就得到了许多网球前辈的高度评价，认为他有潜力在国际男子网坛上取得耀眼的成就，甚至被球迷誉为"桑普拉斯接班人"。他打破了桑普拉斯保持的 14 次大满贯冠军纪录，并将其增加至 16 次。他在 7 场大满贯决赛中都保持了连胜纪录，赢得了男子单打冠军。他连续 4 年赢得了温布尔登和美国网球公开赛的男子单打冠军，自公开赛时代以来，甚至包括公开赛年代之前，这在网球历史上都是前所未有的成就。自公开赛创立之日起，他接续 5 年（2004—2008 年）夺得了美国网球公开赛男子单打冠军，连续 2 年内历经温布尔登、美网和澳网赛事，2 次包揽男子单打冠军。2004 年、2006 年和 2007 年，这 3 年里他获得了 3 个 4 大网球赛中的单打男子冠军，这让他成为自 1988 年的维兰德以来首位在一个赛季中至少赢得 3 个大满贯冠军的男子选手。自 1969 年罗德拉沃尔成为全大满贯冠军之后，只有 1974 年的康纳斯和 1988 年的维兰德曾在一年内赢得过 3 个大满贯冠军。

（九）纳达尔

拉斐尔·纳达尔是西班牙一位著名的职业网球选手，他曾经在世界排名中位居榜首。他于 2001 年开始了职业网球生涯，自 2005 年 7 月起保持世界排名第二的位置，并持续了 160 周，直到 2008 年 8 月，创下了历史上最长的世界第二在位时间纪录。2008 年 8 月 18 日，纳达尔获得了"球王"的头衔，并于 10 月登上了年终第一的位置，成为公开赛历史上首位西班牙选手。

第二节 网球运动文化的内涵与特点

在网球运动中，网球文化是支撑其长远发展的精髓，只有从文化的角度认识网球，才能全面了解网球运动的内涵与本质。如果网球运动缺乏文化底蕴作为支撑，那么网球的发展将不会有长久的生命力；如果网球运动缺乏足够的内涵与特点，那么它就会变得失去亲和力、感染力和影响力；如果网球缺乏多元文化的内涵，那么它必定变得没有竞争力和吸引力。

一、网球文化的内涵

（一）网球文化的本质

当前全球体育文化大致可以分为两类，即东方体育文化和西方体育文化。东方体育文化以中国传统体育文化为主要特征，西方体育文化则以古希腊奥林匹克思想为主导。由于受到古希腊文化和雅典民族制度的影响，大多数西方人信奉泛神宗教，认为上帝的智慧和力量是至关重要的，这导致西方体育文化强调古希腊特有的审美观念、娱乐精神、个人原则和品德修养的风格，最终形成了一个注重个体自由竞争，深入发掘个人潜力和智慧的文化特征。在西方工业振兴获取利润持续上涨的情况下，使得西方工业在经济领域方面的优势不断增加，所以现阶段的全球文化已经越来越趋向于西方化。

纵观体育领域可知，随着奥林匹克全球化的深入，西方体育文化在循序渐进的过程中占据了世界体育文化的主导位置，世界各国体育文化不得不朝着西方体育文化慢慢靠近。在国外，网球已经成为一项具有独特代表性的体育活动，展现了多样化的运动文化形式，并体现了奥林匹克精神。与此同时，网球运动也传递了其自身文化的特点，包括绅士和娱乐性的特征。此外，网球也表现了西方体育文化中个人主义的精神，并体现了人们对完美、表演和观赏的追求。

拿网球在英国的崛起举例，最初网球运动被称为"绅士运动"的原因是它受到了英国文化的影响。如我们所了解的，英国人一般都讲究绅士风度，要想深入探究英国的网球文化，就需要首先深入了解英国的"绅士文化"。英国有很多优秀的网球运动员，其中蒂姆·亨曼就属于代表人物之一，有人指出其充分反映了英伦网球的全部。蒂姆·亨曼不但是英国网球运动员的代表，而且是英国绅士的代表，他努力将英伦优雅作风加入网球运动场地中，他往往会身着纯白服装参与比赛，使用传统发球上网技术。

当前网球文化氛围的形成，是因为它全面体现了网球的竞技性、娱乐性和有序性特征。基于这一层面进行分析，一个国家网球文化的发展必然会促进其网球事业朝着多元化方向发展，最终使得社会持续向前发展。网球运动一直盛行并受到越来越多人的欢迎和喜爱，必然存在不可替代的价值。分析网球的发展历程，可以看出网球自诞生之日起就有着贵族血统和坚实的文化基础，这也是一项非常时尚、能够彰显个性的运动，具有动态和狂野的特点。在整个运动过程中，它继承了公平、竞争、礼仪等文化精神。

（二）网球文化的属性

首先，网球文化是一种物态的文化。网球运动是一个重要的物质形式，它可以帮助人们实现个人的自我提升和成长。参与网球锻炼不仅有助于改善身体形态和机能，还能提高反应速度，增强体力，使人们逐渐熟练掌握多种锻炼方式，培养良好的运动习惯，最终实现终身体育和全民健身的目标。

其次，网球文化是精神文化。长期以来，网球一直在塑造人类精神世界方面发挥着重要作用。随着超过一个世纪的不断演进和发展，现代网球已经树立了独特的风格，展现了文明、包容和时尚的特征，同时重视礼仪和敢于创新的精神。这些特点使得网球运动在竞技压力下依然彰显着相互尊重和团结协作的高尚品质，这种价值观逐渐影响参与者，凸显了精神文化对运动的实际影响。

再次，网球文化是制度文化。网球参与者必须遵守网球比赛的规则和制度，这些规则和制度对他们的行为起到了约束和规范的作用。

最后，网球文化是行为文化。在参与网球运动过程中遵守网球礼仪可以规范球员、队员和其他参与者的行为，有助于培养参与者的良好行为素养，促进网球运动的积极发展。在网球比赛中，所有参与者都应该遵守礼仪规范，如网球选手应该保持衣着整洁，观众在比赛期间不应该随意行动或大声喊叫。此外，在网球比赛中，选手之间和选手与观众之间应该表现出礼貌和尊重。这些准则应是大家共同遵守的规则，这不仅体现了人们对这项运动的尊重和重视，也是对人类尊严的尊重。

网球文化是人类文化范畴中的一个领域。网球文化是在世界各地的人们参与网球活动时，根据不断总结、创新和发展网球的本质内涵，共同形成的物质与精神层面的宝贵财富。这个概念涵盖了网球运动爱好者和参与者的思维方式和行为规范，同时也包括了这项运动的相关理论、技术、战术、传统和机制。因而，网球文化是由参与运动的个体创造，并包含多样特征的综合体。网球文化涵盖了网球运动员的思想和行为风格，同时也包括了意识形态和物质形态方面的文化元素。

（三）网球文化的精神文明

1. 诚实为本

网球运动倡导诚实守信，也贯彻诚实守信的原则，参与网球运动的人要秉持诚实为本的理念，这是从道德层面对参与者提出的基本要求。高校网球比赛的常见形式是信任制比赛，也就是没有裁判员的比赛，这样的比赛不仅考验运动员的体能、技术和心理等技能素质，也是对运动员诚实守信等道德观念和行为的考验。这个考验集中反映在对自己有利的关键分中，运动员如果打出了擦网运气球，要向对手主动致歉，赢就赢得光明磊落，输也输得大大方方。

例如，2013年澳网决赛上，白俄罗斯网球运动员阿扎伦卡在关键分时因伤叫停，将美国网球选手史蒂芬斯的节奏打乱，导致史蒂芬斯没能取胜，而阿扎伦卡获胜，国内外媒体对阿扎伦卡的伤情和在关键分时叫停的行为纷纷表示质疑。2014年澳网赛上，西班牙运动员纳达尔在决赛中因肌肉拉伤而叫停，重新返场的这位选手赢得了全场观众的掌声鼓励。可见，网球运动对运动员的道德品质有严格的要求，而诚实就是最基本的要求。

2. 集体主义精神

在网球双打项目和团体项目的比赛中，均体现了集体主义精神。双打项目要求搭档的两名选手之间相互配合，团体赛要求队友之间密切配合。这其实也是对参赛选手的集体观的要求，只有每个选手都拥有集体主义精神，相互之间的配合才会更加默契，才会更加尊重队友，不断鼓励队友，顾全大局，以赢得最后的胜利。只有团队成员团结起来，团体才能具有很强的凝聚力，其战斗力才会进一步提升，集体主义精神也可以使网球选手终身受益。

网球运动倡导集体主义精神，不仅要求团队成员之间相互配合、相互尊重与相互鼓励，还要求教练员与选手密切配合。在网球比赛中，教练员可在规则允许的范围内用一些动作来提醒选手，使场上选手接收并理解信息后能够对自身的场上状态有更好的了解，并作出相应的调整，以更好地投入比赛。

对高校大学生而言，拥有集体主义精神和树立团结协作意识特别重要。在网球教学中，学生的集体主义精神与团结协作意识能够从他们轮换击球、相互送球、捡球等行为中体现出来。如果是同伴约球，就要严格遵守约定的时间，并将上场次序安排好。如果是组织网球友谊赛，学生可能还要担任裁判的角色，这些都能够体现出网球运动的集体主义精神和文化内涵。

3. 谦虚与尊重

网球运动倡导谦虚、自信，要求每个选手都要尊重对手，谦虚自信和尊重对手也是现代教育和现代体育文化传播的主要内容。参加网球运动的人既要通过刻苦的训练来提高自信，又要保持谦虚，善于发现队友和对手的优点，虚心学习，这样才能获得更好的发展。

网球运动虽然是隔网运动项目，没有身体的碰撞，但场上的对抗依然十分激烈，并对网球选手的人文精神提出了较高的要求，如保持自信、认真参赛、诚实谦虚、尊重对手。网球运动中竞争随处可见，这也是网球选手不断进步的动力。但"君子之争"才是网球运动竞争的真正内涵，这要求网球选手对球场上的一切都要表示尊重，如对裁判、对手、观众等人的尊重，对球网、球拍、场地等物的尊重。

网球选手的个人形象是由多方面因素结合而成的，其中品行是非常重要的组成要素之一，不管网球选手的技术水平有多高，如果他品行不端正，如言语粗鲁，行为蛮横，不尊重他人等，那么其也难以获得观众和裁判的认可。

4. 思维与气质

网球运动能够培养人的思维与气质，这是网球运动在哲学层面的文化内涵。网球运动比赛中，参赛选手身、心、脑并用，不仅进行技术上的较量，也进行体能、心理和智能上的较量，可以说这是一项斗智、斗勇、斗技的运动。随着现代网球运动的不断发展，网球运动员的专业技术水平越来越接近，当技术相近的两名选手相互对抗时，技术之外的其他因素，尤其是球路思维的组合成为双方制胜的关键因素。任何一方击球都不能是随意的和盲目的，要有明确的目的，要善于观察对手，并做好预判，思考接下来的球路与组合，如此才有得分的机会。网球运动员能否将技术、体能、心智融为一体，直接影响其在比赛中的竞技能力。

网球运动给人的整体感觉是从容、优雅。网球选手在比赛中的一举一动都透露着气质，他们的击球动作是力量、智慧等众多因素结合而成的最终行为结果，能够充分体现出运动员的体能、技术和智慧。

二、网球运动文化的特点

西方国家的网球发展经验为那些发展相对滞后的国家提供了赶超并谋划自己发展道路的机遇。网球文化既提升了一个民族的精神境界，也为体育经济的发展提供了必要支持。在某种程度上，它是一个国家软实力的主要体现，反映了国家的活力、发展水平和文化进步水平，因此分析网球文化的特点有助于推进网球运动在我国的发展。

（一）运动形式高雅

网球运动清新脱俗、高雅华贵，这主要是因为网球运动最早是从贵族群体中发展起来的。网球运动清新、高雅的特征要求选手着装要整洁优雅，言行要讲文明礼貌。观众欣赏比赛也要遵守赛场要求，如不大声喧哗、不用照相机闪光灯拍照、不随意走动等。这些礼仪虽然没有成为规定，但也随着网球运动的不断发展而在世界各地广为传播。

不管是业余爱好者参与网球运动，还是网球运动员参加网球比赛，都要按相关规则、规定和不成文的规矩来规范与约束自己的言行，不能随心所欲，如运动员在比赛中即使不满意裁判的判罚，也不能骂脏话，要采取合理途径和裁判协调，如果确实是自己的问题，即使再不满，也不要作出过激的言行，这样不仅无法改变裁判结果，反而会失去观众的欣赏与认可。此时要做的是吸取教训，告诉自己接下来的每个球都要努力处理好，争取不再出现失误，不再违反规则。网球比赛中有些球是存在争议的，面对这种情况，如果不是关键分，双方尽量不要刻意去计较，要懂得谦让，给观众与裁判留下好印象，这也是对运动员的比赛心态进行培养的一个好机会。可见，网球运动不仅能强身健体，还能培养绅士风度和审美意识。

（二）参与者众多

有"贵族运动"之称的网球运动近些年来不仅出现在贵族群体中，也出现在大众群体中，除了高收入群体或社会阶层高的人参与这项运动，大量的普通群体也参与其中。这与社会经济的发展、人们生活水平的提高、闲暇时间的增加及健康观念的更新有直接的关系，大众化是现代网球运动的一个发展趋势。

在网球馆或公共体育场所打网球的人年龄分布在各个阶段，以中青年群体居多，也有很多家长陪着孩子打球的，从小挖掘孩子的天赋，培养孩子的网球素养。现代网球运动的参与者，不论国籍、肤色、性别、职业，他们在网球场上都是平等的个体。这些参与者又构成了一个庞大的社交群体，一部分人参与网球运动就是为了结交朋友，建立或巩固友谊。

另外，网球爱好者不管是亲自参与网球活动，还是在现场或电视机前观看比赛，都可以达到释放压力、宣泄不良情绪和愉悦身心的效果。这也是人们参与网球运动的主要目的，甚至有人将这些目的看得比强身健体更重要。网球运动为大众创建了相互尊重的和谐交际圈，构建起一个充满包容与友善的交往平台。

（三）运动氛围积极向上

网球运动不仅对运动员的心理环境进行考验，如面对胜负、成败的心态，在困难面前是坚持还是放弃等，同时也对运动员的思维方式进行考验。保持运动氛围积极向上能培养运动员的良好思维，如在双打项目中，和找一名好的搭档相比，做一个好搭档更重要。只有双方都意识到要做一名好搭档，才能充分配合，相互尊重与鼓励，而不是在失败后一味地埋怨对方。所以说，对网球运动员来说，一个非常重要的内在提升路径就是要有强烈的责任感，要信任搭档，尊重队友和对手，要热情参赛并努力克服困难，正确面对比赛的结果。这样的心态也有助于人们更好地面对生活中的每件事，提升对生活的满意度，并得到他人的认可。

在网球比赛过程中，要将动静结合的理念结合起来。每打一个球时，都要先确保身体重心是稳定的，稳扎稳打是打好球、完成击球动作的基础与前提，击球时要控制好力度，不能一味用强力击球。运动员切忌草率处理任何一个来球，要根据局势进行准确判断与预测，根据实际情况采取击球策略，选用击球技战术，努力争取主动权。运动员要耐心处理相持球，伺机争取主动，不要急于求成，冒失行动，否则会使对方突破相持球的僵局而掌握主动权。所以在网球比赛中要牢牢记住扎实进取，这个理念同样适用于日常生活。

比赛结果出来后，落败的选手要勇于面对现实，冷静分析与总结自己的问题，吸取教训，总结越全面、越彻底，下次就越能避免出现同样的问题。从这一点来看，失败也并不是毫无价值可言的。获胜方往往难以掩饰胜利的喜悦，这很正常，也能理解，但同时要保持谦逊的态度，不能因此而认为"唯我独尊"或贬低对手，否则即使是胜利的一方，也难以得到观众的尊重与社会的认可。不仅网球运动员和其他网球运动参与者应该谨记这些内容，每个人都应该将这些哲学财富运用到自己的生活中，保持健康向上的生活态度。

另外，网球文化还存在以下基本特征。

1. 网球文化的竞争性

竞技体育最重要的特征之一就是其具有很强的竞争性，这也是促进竞技运动进步的关键。网球运动需要双方球员隔着球网进行对抗，通过将球击到对方场地来得分。这项活动需要强健的体魄、坚忍的毅力和执着的信心，同时还需要敏锐的思维、精密的计划和果断的判断。可见，网球运动是一项集力量和智慧于一体的运动。通常情况下，网球比赛采用淘汰制，如果运动员输掉一场比赛，他们就会被淘汰出局，这使得网球运动具有很强的竞争性。

2. 网球文化的地域性

在 20 世纪，网球运动迅速传播到世界各地。在这一时期，网球的传播不仅限于欧洲，还扩展至北美洲、南美洲、大洋洲和亚洲。网球运动的发展程度与当地的经济、社会及文化水平存在着密切的关系。这是因为网球对场地和器材的要求较高，一直被视为是一种贵族运动。在欧洲（特别是西欧）、美国、澳大利亚及一些南美国家，网球已经发展成为一项广泛普及且深受欢迎的运动。亚洲的东亚地区在网球运动的普及方面取得了一定进展，但仍处于发展的初级阶段。然而，在非洲等经济欠发达地区，网球运动并没有得到广泛推广和普及。另外，网球文化和民族性格之间也会相互影响。西欧和美国选手在硬地比赛中表现出色，而热情的拉丁选手（如西班牙和南美选手）则更擅长在红土场地上开展网球运动。

3. 网球文化的礼仪性

在网球比赛中，礼仪规范至关重要，这不仅适用于参赛选手，也包括现场观众都应当注重网球运动的礼仪性。网球是一项拥有复杂规则的运动，而这些规则也有助于运动员在日常训练和比赛中培养自己良好的行为规范。例如，在比赛结束时，运动员需要和对手握手表示尊重，并向主裁握手道谢。在网球比赛中，观众应保持克制和礼貌，只有在选手得分时才可以鼓掌表示祝贺，并且在比赛进行时需避免随意走动。

4. 网球文化的产业性

体育产业已被许多国家视为经济增长的新引擎。网球在全球的普及，提升了网球产业在体育产业中的重要地位，促进了经济的快速增长。网球四大满贯（澳大利亚网球公开赛、法国网球公开赛、温布尔登网球锦标赛、美国网球公开赛）是网球运动产业化的典范。每年，这四大赛事的举办不仅让网球运动员和球迷沉浸其中，还为投资者带来可观的回报，在促进经济增长的同时也带来了大量的就业机会。此外，知名品牌与运动员的合作，以及运动员参与代言和商业活动，也促进了网球产业的发展。

第三节　网球运动的礼仪和审美文化

一、网球运动的礼仪文化

网球运动温文尔雅的网球礼仪源于其纯正的皇家血统。由于英国皇室的成员经常光顾温网，球员以前还必须向皇室包厢行鞠躬和屈膝礼。这一做法直到 2004 年才废除，但体现出良好体育道德风范的礼仪规则却保留了下来。

作为隔网对抗的竞技球类运动项目，网球运动比赛中的竞争异常激烈，但同时也有一种和谐的礼仪文化与竞技文化并存。网球运动的礼仪文化是建立在网球选手、裁判、观众及其他参与者良好行为素养的基础上的，参与者的优良品质与道德素养是其形成良好行为素养的基础。现代社会各领域都存在着频繁而密切的交往，人际关系也因此而变得繁杂，在这样的社会中必须讲究礼仪，重视礼仪，强调礼仪，这样社会个体之间或群体之间才能友好相处，社会交往才会更加规范，社会也会因为良好的礼仪而更加和谐美好。网球运动在引导社会行为规范、促进人际关系和谐方面发挥着非常重要的作用，这是由网球运动自身的独特性所决定的。在高校网球文化教学中，网球礼仪文化也是一个不可忽视的重要教学内容，让学生懂得网球礼仪，并自觉遵守礼仪要求，能够规范与约束学生在网球学练中的言行，网球礼仪对学生的道德品质与遵纪守法意识也会有潜移默化的影响，最终能够促进学生道德素质和人格修养的提升。

下面分别分析网球健身锻炼、比赛和观赛的礼仪要求。

（一）网球健身锻炼的礼仪

网球爱好者在参加网球健身锻炼活动的过程中，须自觉遵守以下礼仪要求。

第一，发球时举球示意，确定对方做好接球准备后再发球。如果在对方没有做好准备的情况下就发球，对方接球失败的可能性很大，这是不尊重对手的表现。

第二，当对方的来球向底线靠近时，应向对方告知这个球是界内球，还是界外球，或者是压线球。

第三，不可跨过和触压球网。

第四，若不小心击球出界，应主动向对手道歉，这是礼貌与绅士的表现。

第五，若无意将球打到邻场，先不要着急跑过去捡球，否则会影响到邻场练习者的发挥，而且可能被他们的球砸中而受伤。当邻场出现"死球"时再迅速将球捡回，如果是邻场的练习者或其他人帮忙捡球，要礼貌道谢。

（二）参加网球比赛的礼仪

运动员在网球场上的言行举止都要讲究文明礼貌，这是网球运动的礼仪文化内涵所在，下面从着装、赛中和赛后三方面来分析参加网球比赛的礼仪。

1. 着装礼仪

参加网球比赛，首先要了解着装方面的要求，具体有以下几点礼仪要求。

服装方面，女士的选择较多，有很多款式与颜色可选，搭配方法多样，但前提是对正常活动不造成影响。女性的性感之美、着装艺术美也是网球欣赏的重要内容，着装之美与阳光向上的网球运动相生相长，相得益彰。

男士要选择能够体现绅士风度的服装，重点考虑样式和颜色这两个因素，如样式素净、上衣有翻领、颜色不能太多等，要给观众留下稳重、阳光的印象，切忌赤膊上阵，这会影响视觉之美，与高雅的网球运动不符。

关于鞋的要求，不能穿钉鞋、皮鞋等硬底鞋，否则就会被认为是不尊重和不重视比赛的行为，也会造成比赛气氛的不和谐。穿硬底鞋最直接的影响就是损坏场地设施，影响场地的使用寿命，而且也会给人造成不好的视觉体验。

2. 赛中礼仪

第一，准时到达比赛现场，赛前密切配合练习。

第二，比赛正式开始后，发球方在发球前先举球示意，示意后再发球，目的是让对手准备好接球。

第三，当对手打出高质量的回球时，不要嫉妒对手，要为他鼓掌，将自己的绅士气度展现出来。在比赛中遇到高水平的对手是很难得的机会，这样可以激发自己的斗志，无限发挥自己的竞技能力与潜力，并借此机会向优秀的对手学习，提升自己的技术能力。对优秀的网球运动员而言，在比赛中遇到水平低的选手时，即使可以轻松赢球，也不会感到高兴，因为这样的比赛不会给其带来美好的体验，会让其觉得不尽兴。而如果对手与自己实力相当或比自己水平还高，那么对比赛双方来说，这场比赛无疑是一种享受。观众也喜欢看这样的比赛，而不是实力悬殊选手之间的比赛。

第四，当对手发挥不稳定，且总是出现失误时，不要因此而低看对手，藐视对手是不礼貌、不道德的，对手会因为藐视而失落或愤怒，从而影响比赛发挥。遇到频频失误的对手时，正确的做法是发挥绅士风度，多多鼓励对手。有的网球选手性格内向、腼腆，对他们而言，很难做到主动鼓励失误的对手和赞扬发挥好的对手，但这是展现自己宽阔胸怀的机会，要试着去做，只有尊重对手，才能赢得对方的尊重，而且这也能激励自己发挥得更好。

第五，对每一分都要认真对待，当自己处于落后状态时，不能泄气与抱怨，要及时发现自己的问题，从容应对，争取追赶对方。

第六，在比赛中有些得分是运气分，如果选手靠运气得分，则应举手表示致歉。

第七，如果是自己的原因导致对方的击球节奏被打乱，使对方出现失误，则要举拍致歉，让对手知道自己不是故意而为之。

第八，比赛中如需系鞋带、换球拍或感到不适等，先向裁判请示，不可故意拖延时间，影响对手的发挥和比赛的顺利进行。

第九，如果认为裁判的判决不公平，要礼貌质疑，不能骂裁判或对裁判作出不礼貌的行为。

3. 赛后礼仪

网球选手不仅要在比赛中遵守上述礼仪规范，比赛结束后同样也要遵守一些礼仪要求，具体如下。

第一，比赛结束后要走到网前和对方握手，并祝贺或勉励对方，这是基本礼仪。握手时手在小臂上方，目视对方，这样的握手姿势能够传达选手之间相互尊重和勉励的含义。

第二，如果对方获胜，自己难免会失落，但还是要暂时控制情绪，落落大方地祝贺对方；如果对方落败，也要暂时控制激动和喜悦之情，要表现得谦虚一些，安慰和鼓励对方，因为没有哪个选手能保证自己永远都会获胜。

第三，除了选手之间要相互握手，选手还应与裁判握手，以感谢裁判的执裁。

第四，获胜选手在退场时不要大肆向观众炫耀，以免影响对手的心情。

（三）观赏网球比赛的礼仪

在网球比赛中，运动员能否集中注意力，能否全神贯注地参加比赛，一方面与其自身因素有关；另一方面也与比赛环境有关，而观众就是比赛环境的一个重要因素，如果因比赛环境不佳而干扰到选手，选手就很难正常发挥，容易出现失误，可能造成最后的失败。因此，观众要严格规范自己的观赛行为，不要对场上选手造成干扰。在国际大型网球比赛中，观众席上的观众来自世界各地，此时观众代表的就是自己国家的形象，他们在观看比赛过程中的言行举止都会被打上国家形象的标签。因此观众要注意自己的一言一行，要给其他国家留下好印象，要展现本国国民的良好素质。

观众观赛的礼仪要求具体有以下几点。

第一，在比赛开始前到场入座，将随身携带的手机或其他电子产品设置为静音，不要发出很大的响声，以免对场上运动员的发挥造成影响。

第二，比赛中不要随随便便在看台上走动，以免对场上选手的专注度造成影响，有时观众随意走动会严重影响选手的发挥，有的选手要等观众不再走动后再继续参赛，而如果一直都有不自觉的观众，那么比赛将无法顺利进行，比赛时间将会延长。

第三，观众不要大声喧哗和嬉笑打闹，可以在分与分之间的间歇加油叫好，但不要对下一分的比赛造成影响。

第四，观众不能开闪光灯拍照，而且要确保拍照行为对场上球员的正常发挥没有影响。

第五，在场上选手交换场地时，观众可以站起来活动。

二、网球运动的审美文化

网球运动之所以在全球范围内备受欢迎，其中蕴含的美学要素是重要因素。在所有需要隔着球网进行对抗的运动中，网球运动被认为是最能展现体育"审美"文化的运动。如今，网球已经成为体育界的一项重要运动。

下面主要探讨了网球运动中体现出的人体美、速度美、智慧美、形态美与动感美，同时还提及了网球服饰美和运动精神美等方面的内容，从而揭示了网球运动中蕴含的审美文化。

（一）网球运动的人体美

1. 人体美

个人通过自我创造和欣赏自己的美来展示人类美的特征。一般来说，人们认为人的美是人的自然形态美与内在精神和灵魂美的统一，美丽的人体应该是感官自然形态与内在美的完美融合。古希腊雕塑作品通常展示人体的自然形态、强壮的肌肉及对自己体型的自信和欣赏，古希腊人体艺术的形成和演变与当地社会发展史、民族特征和自然环境密切相关。运动员身上展现的人性美是最引人注目的，例如，在网球比赛中，当运动员挥动球拍击球时，他们身体充分伸展，释放出身体的所有力量，将身体的美丽展现得淋漓尽致，这无疑会让观众惊叹不已。网球可以全面锻炼身体，提高整体健康水平，使身体线条更加优美。打网球可以促进体内平衡，增强身体协调性，提高反应速度。

法国著名艺术大师罗丹说"自然界中没有任何东西比人体更美"[1]，苏联的马雅可夫斯基也说"世界上没有任何一件衣衫比健康的皮肤和发达的肌肉更美"[2]。这些观点精辟地指出人体与健康美的关系，网球运动是以人体美的运动形式来表现和创造美的。

2. 运动美

（1）思想与身体的结合是运动美的根本因素

运动美是网球运动的特征，美体现在动作的质量和表现力上。运动中的动作是有目的性的，而这些目的的完成需要身体去执行。这个应激过程是生命的起码特征，而这一个过程的完成反映了一个生命的活力。

一个漂亮的动作无疑是很多因素的良好结合，动作完成的速度、幅度、角度和时空的变化，体现了技术的准确和动作的质量，需要大脑及时的判断、神经的迅速响应、肌肉的恰当配合。动作的姿态、节奏、韵律、轻柔、表现力等给人以美感，而技术的掌握和熟练运用依赖于身体的运动能力及运动机能的适时状态。

---

① 李健兵. 体育与健康教程［M］. 西安：西北大学出版社，2020.

② 田振华，相建华. 全民科学健身健美指南［M］. 北京：北京出版社，1997.

（2）创造力的不同将欣赏其他人体动作与运动美区别开来

体育运动的魅力在于个人在实践中展现和创造运动美，在探索和创造美的过程中展现出人类与自然的互动、挑战自我和永不放弃的精神。运动技巧之美源自体育美的表现需求，这需要在运动中充分展现运动员的技巧。体育活动之美，在于展示身体最原始的特质。提高运动技能体现了体育运动的科学性，科学的技术动作对呈现体育美具有促进作用。苏联美学家弗连金认为："没有完美的运动技术，没有对运动技术有意识地正确使用，那么真正的运动美就无从谈起。"①

网球运动的过程是一个运动者智力和身体对抗的过程，每一个回合都不可能完全相同，这需要运动者在位置、力量、击球角度、球的飞行线路等方面作出不同的选择，这个选择过程就是一个创造的过程。网球运动中不乏大师级的选手，也不断有经典的比赛涌现，这都是因为创造力赋予相同的运动以不同的过程，这是一个事物生命力的源泉。

（3）运动者的心理交往过程是运动美的重要立足点

网球运动是力量和技术的结合，奔跑中的急停急起，击球动作的挥洒自如，都表现了人体的运动之美，但仅仅有这些是不够的。鹅黄色的小球所划出的不同弧线，需要球拍的挥动所赋予，同时又要回击者给予另外一个弧线，使得这种智力、力量、耐心相结合的运动变成一种非常有乐趣的沟通交往过程，这无疑又是另外一道风景。

当网球练习者在他自己交际圈中一展球场风姿时，其快乐不仅是眼前的抽击，更多的是对技术掌握的成就感，而这种感觉正是形成对网球运动欣赏能力的基础。试想在一次漂亮的击球后，可能会回忆起当初想着每一个技术动作将球击打过网的快乐，享受现在每次熟练的击球线路，看着对手奔走不停的快乐，看看旁边场地初学者满地捡球的快乐，网球能给不同的人以不同的快乐，这种快乐又是在今后的练习比赛中不断精进的。

---

① 唐健，刘强辉. 大学体育理论与方法教程［M］. 南京：东南大学出版社，2008.

体育美是以展示人体的自然形态为主要特征，因此它将人体之美与动作之美结合在一起，将抽象意识和具体之美融为一体，这正是体育美的独特之处。具体而言，体育之美在于展现个体的优雅和力量感，通过动作展现和创造美感。无论是健美、技术还是其他形式的美，它们都共同构成了美和美感，这是体育美学所传达的一个重要原则之一。

在网球比赛中，人体美展现了生命力和活力。人们在观看网球比赛时，会以一种欣赏的眼光将运动员的比赛看作一场表演。这种审美体验让他们感到愉悦、满足和享受，并对选手的表现给予积极的肯定。观赏网球比赛时，参赛选手体格匀称、四肢协调、肌肉富有弹性、肤色健康、举止优雅，给人一种充满活力和青春的美感。男选手给人的感觉比较端庄稳重，女选手则展现出了轻盈苗条的特质，二者形成了明显的对比美。在服饰的衬托下，色彩、线条、造型等方面的独特设计为他们打造出完整、独特且令人愉悦的形象。

在技术方面，俄罗斯美女莎拉波娃可能并非最顶尖水平，但她拥有一种独特的吸引力，能够吸引大量观众和赞助商前来支持她的比赛，这展现了网球明星的魅力。从体育的角度出发，一个美好的体形是最健康的体形，这种身体美在网球明星中非常明显。无论男女球员，都有匀称的身体、良好的力量、灵巧的步伐，其反映的是一个非常健康和矫健的人类生命个体。

这一点在四大公开赛的赛场上无疑是最有说服力的，纵观纵横驰骋的男女选手，高大的身材、强劲的爆发力、良好的体能，无不证明身体是出众技术的根本。什么是运动中的身体美，网球运动无疑是最好的解释。

（二）网球运动的速度美和智慧美

1. 速度美

在体育运动中，尤其是在乒乓球、网球、羽毛球、排球、足球等球类项目中，往往都会更多涉及速度，包括击球速度、奔跑速度、球的飞行速度等。在这些项目的比赛现场，当运动员击球时，他们的速度和力量会让观众兴奋不已。以网球为例，美国前职业网球运动员罗迪克曾以每小时246公里的一个发球创造了当时的世界纪录。部分网球爱好者对网球的发球速度也非常感兴趣，一些业余网球爱好者通常能发出每小时 100 公里左右的发球，正因为对网球发球速度的偏爱，部分网球爱好者越来越喜爱和迷恋网球运动。现代网球比赛要求运动员有更强的反应速度、击球技巧和灵活的移动能力，网球运动中速度的独特之美令人着迷，给人们带来了独特的审美体验。

2. 智慧美

网球运动要求运动员具备扎实的基本功，熟练掌握技术战术，并且运用智慧进行比赛。网球比赛中，有时会发生低排名选手意外战胜强劲对手的情况。在比赛中要想取得胜利，只依赖于技术是远远不够的，智慧和头脑发挥的作用同样重要，而从真正意义上来说，智慧发挥着更加突出的作用。真正的强者从来不是靠粗暴和蛮力来解决问题的人，而是那些在智慧和勇气上都表现出色的人。运动员在面对高速飞来的网球时，需要展现出智慧的头脑和灵活的身体，通过果断的决策，迅速调整策略，从直线转向斜线，从远角转向近角，从平稳过渡到起伏，从猛攻改为轻挑，从抽球变为削球，这些都是打好网球的技巧。在比赛中，运动员展现的智慧美会更加被观众所欣赏，运动员在比赛中强调头脑和技术的运用，而非仅凭盲目发力或暴力手段，只有这样，他们击出的球才能呈现出吸引人的观赏效果，营造激动人心的比赛氛围。智慧是参与网球运动不可或缺的要素，网球活动需要智慧与美感相结合。运动中的美感可以提升人的审美修养，如网球这种强调稳定与灵活相结合的运动，通过其快节奏的变化来展现独特的智慧与美感的艺术结合。

（三）网球运动的形态美与动感美

现代网球运动中，运动员通常身材高大，四肢修长，身形比例较好。

尤其在欧美国家，运动员的身体素质特别出色，这给他们在网球比赛中带来了一些先天优势。大多数亚洲运动员身高较矮，但体格匀称，步伐轻快，灵活性较强。在网球比赛中，最引人注目的是选手们优美的体态和轻盈的动作，他们在赛场上为每一分而拼尽全力，得分时挥舞拳头庆祝或雄心勃勃地怒吼，失分时沮丧地摇头，挥动球拍时优雅从容，全场飞奔时英姿飒爽，得分后充满自信的目光……所有这些都属于网球运动中的形态美与动感美。

（四）网球运动的服饰美和器材美

对于网球运动而言，如果网球服装和球拍在款式、材质、功能没有与时俱进，那网球的魅力要大打折扣，可以说网球的服装和器材之美已经成为其区别于其他运动项目的重要标志。

1. 服饰美

标准的网球穿戴应该是男球手穿带领子的半袖运动 T 恤衫和网球短裤；女球手穿中袖或无袖上衣及短裙或连衣短裙。网球服饰通常以白色为主，但是由于近年来新织物和裁剪方法的出现，使得传统的网球服装也趋向更能展示个性的多种颜色和款式。目前，网球服饰无疑是各项运动中款式变化最快同时也最有个性的，是最引领运动服装潮流的产物。

在网球的服装和球拍的发展历史上，法国人勒内·拉科斯特留给网球运动的最大遗产之一是在网球运动服装上确立品牌。拉科斯特开创了将商标设于服装外部的先河，这种做法随后得到了各大品牌的纷纷仿效。第一款拉科斯特白色衬衫立刻在网球界引发了一场革命，取代了当时网球运动员通常所穿的传统长袖羊毛上浆衬衫。这款衬衫略短于当时其他类型的衬衫，硬领短袖，以质地轻巧、编织细密的"小平纹单面毡棉织品"为面料。其穿着舒适、牢固耐磨的优点一直保持至今，使得拉科斯特衬衫成为与众不同、独一无二的品牌。根据网球产业协会提供的数据，每年有

31

5.34 亿美元的支出用于购买职业网球服装。考虑到设计师品牌服装的成本，总花费接近 10 亿美元。现在，网球服装已经成为网球产业中一个重要的组成部分。

在进行网球运动时，爱好者们会选择不同颜色、不同品牌和款式的服装，他们追求舒适和时尚，甚至有些人会选择穿自己喜爱的网球明星代言的品牌服装。时尚的服装能够为参与者和观众带来视觉享受，提升比赛的观赏价值。运动员在比赛中全力挥洒汗水，而观众则在为偶像加油时享受比赛带来的乐趣（见图 1-3-1）。

图 1-3-1　网球服饰

2. 器材美

在网球器械方面，勒内·拉科斯特同样是个很有创造性的人物。其在 20 世纪 20 年代末期发明自动投球机，紧接着在 1933 年又设计出以他的名字命名的衬衫后，勒内·拉格斯特又开始研发容易操作的网球拍，他想着如何设计一支更坚固耐用、性能更好的球拍。1963 年，经过几个月的研究和试验，他终于向世人展现了第一支以精钢制成的金属球拍。它的特色是圆形的拍框，搭配双分支的拍柄，这样的球拍触球时作用力更强、更快而且更容易操作。

从勒内·拉科斯特身上，我们可以看到在网球产业中占据重要地位器械发展的缩影。今天，没有哪个打网球的人不知道拉科斯特的"鳄鱼"商标，这是确立网球不同于其他运动服装的一个里程碑。同时，金属拍的使用是突破木拍的开始，从此更多的材料被投入网球拍的制作中。

（五）网球运动的精神美

网球充分展示了一种更快、更高、更强的体育精神。目前，网球比赛的竞争越来越激烈，对运动员的要求也越来越高。在赛场上，运动员需要表现出强大的意志力，克服各种困难，才能有机会最终赢得比赛。在网球比赛中，偶尔会有一些运动员受伤，在场边接受治疗。只要伤病对运动员的表现没有重大影响，他们通常会选择继续比赛。这种精神体现了他们对网球的忠诚和热爱，以及对参赛选手的尊重，传承了高尚而伟大的体育精神。

网球运动员在比赛中表现出来的个性品质美非常明显，以传奇的美国网球选手阿加西为例，他一直以自己的特立独行著称于世。他年轻时曾经狂放不羁、金发飘飘，而今大家看到的是他的大光头，这些表面的现象还不足以展现他的个性。从天赋、才华、孤傲、叛逆、任性到如今的坚韧、责任、宽容，阿加西经过岁月涤荡的网球生涯，足以让每个人感到惊奇。作为一项完全崇尚个人能力的运动，阿加西的个性之美在网球运动中无疑是最大的看点之一，坚韧、顽强、尊重对手，但总是有偶尔的情绪化和场外关于他的不断的各种小道消息，这些性格特点满足了新闻人物需要的一切特点。尽管他在网球场上取得的成绩让人感觉他是一个有无尽能力的人物，但从个人性格角度看，他却不像他的网球技术一样强大。他的老对手桑普拉斯先于他退出网坛让他怅然若失，这样的惺惺相惜让人感觉如同中国的江湖故事，人的丰富个性在网坛又有新的体现，这一切正是性格之美。

（六）网球运动的场地建筑美

网球场是一个充满挑战和乐趣的场所，在这里，人们可以在蓝天白云下感受运动带来的愉悦，享受温暖明媚的阳光，呼吸新鲜的空气，尽情释放身心压力，欣赏优美的场地设计，通过打网球结识到许多新朋友，而鹅黄色的小球则成为建立友谊的"纽带"。网球场是竞技场，总会有激烈的拼杀在此上演，但同时人们也可以从中感受到另外一种安详与和谐，它源于网球场地的建筑之美。

色彩在建筑之中是一种感情强烈、富有表情、非常活跃的因素。网球场地最突出的是绿色，球网是绿色的，硬地场和草地场也是绿色的，标志线是白色的，这让人感觉活力之中不乏规矩。而红土场的鲜明则给人一种最原始的感觉，如同在自然之中开始一场力量和智慧的对抗。

纵观四大赛事的运动场地，无不是当地的知名旅游点。运动场地一般是为专项运动服务的，在设计上都有针对性，而网球场地则体现了网球运动的含蓄、自然，基本上和周边环境融为一体。闻名遐迩的温布尔登草场，罗兰加洛斯美丽的红土，澳网和美网的硬地场地，各有特色，使人们在欣赏精彩赛事的同时感受各项赛事不同的文化。

第四节　网球运动文化的多元价值

一、健身价值

体育运动强大的健身价值是其能够不断传承与发展的一个根本原因，作为体育球类运动典型项目的网球运动同样以其突出的健身价值而发展至今。

参与网球运动，能够燃烧热量，每小时达到上千卡。网球是有氧运动项目，对全身心的锻炼效果都很好。通过网球锻炼，人体各项功能都可以得到改善，尤其是心脑血管功能和心肺功能。人体是否健康，有很多衡量指标，其中心肺功能是不可忽视的重要指标之一，心肺功能良好的人能够很好地抵制疾病的侵袭。有关实验结果表明，每次坚持网球锻炼一小时，人体带氧功能可达到带氧极限，这表明网球运动在促进人体健康方面具有重要价值。此外，网球作为有氧运动，还能促进机体代谢，促进肌肉比例的改善。很多女性参与网球运动，是因为意识到这项运动具有减肥作用，在充满娱乐趣味的网球锻炼中可以达到良好的健身与减肥效果。

另外，有亚健康症状的人也可以通过网球运动锻炼而从亚健康中脱离出来。社会的发展带来了激烈的竞争，而激烈的竞争使人们在快节奏中工作、生活，人们面临着很大的压力，不断出现亚健康症状。如果不及时释放压力，就会造成更严重的健康问题，而且不仅是体弱无力、胸闷气短等身体方面的健康问题，还包括精神萎靡不振、情绪波动大、心态消极等心理与精神方面的健康问题。网球运动对解决身心健康问题具有重要的作用，能够使人们保持身心健康。

二、教育价值

网球运动是温文尔雅的体育项目，在网球教学中将网球中蕴含的诚实、谦虚、尊重、集体主义精神、礼仪等文化内涵灌输给学生，有助于学生绅士气质的培养和促进其人格修养的提升。网球运动的规则是公平而又透明的，学生严格按照规则要求参与网球运动，能够逐渐养成良好的习惯，如遵守学校的规章制度、遵守法律规定等。网球运动中顽强奋进、努力拼搏和永不放弃的精神也能感染学生，使学生养成乐观向上、顽强拼搏的生活态度。网球比赛中，胜负都是常事，学生要懂得胜不骄、败不馁，胜利后保持谦虚，继续努力，失败后勇敢面对，认真总结，这能够使学生正确对待与处理生活与学习中的挫折和困境。

网球运动的教育价值还体现在对学生终身体育观的培养中。很多大学生都认为网球运动能够使人终身受益，而且正是因为有这个认识，才会积极参与学校网球活动。网球运动文化底蕴深厚，文化内涵丰富，在网球文化的发展历史中值得深究的课题非常多，将网球文化教育融入高校网球课堂教学中，能够使大学生更加深入地认识与理解网球的文化内涵与价值，并在网球运动训练中将这些文化底蕴不断内化，潜移默化地影响其养成良好的锻炼习惯与行为习惯，使其终身受益。

三、心理学价值

对于现代社会的人们来说，体育运动已经融入人们的日常生活，参与网球活动可以使日常生活变得更加丰富。通过运动能够持续提升身体素质，积极培养内在品质，展示自身的天赋，激发内在潜能，实现个人理想。参与网球运动还可以帮助人们实现自我情绪管理，提升意志力和自信心，在锻炼中培养积极心态和成就感，从而提高生活品质。

（一）有利于培养顽强的意志

网球运动是一种竞技性运动，因此它的一个基本特征就是具有很强的竞争性。在竞争激烈的网球比赛中，运动员要有镇定的心态、敏捷的思维和优秀的分析能力，包括准确理解对手的战术意图、抓住各种机会、选择适当的战术来应对比赛中的复杂情况。只有这样，才能灵活地应用不同的策略，在比赛中抓住主导权，展现出勇气和智慧。随着网球比赛时间的延长，竞争加剧，导致参赛者的体力消耗增加，因此参赛者需要有非凡的决心和顽强的毅力来应对比赛中产生的紧张感和疲劳感，争取最终的胜利。在激烈竞争的比赛中，运动员需要保持高度专注，随着比分的变化，他们时而领先，时而落后，主动和被动的局面不断变换。比赛现场变化莫测，气氛紧张激烈。运动员要在落后时保持镇定，迎头赶上，必须具备出色的身体素质和坚强的意志力；在比分持平时，要更加专注，抓住时机为自己创造领先条件；在取得暂时的领先之后，要保持谦虚，更加不能因此而放松，直至最后的胜利。

（二）有利于调节情绪

参与网球运动有助于提高感知能力、思维能力、记忆力，塑造人们的意志品质、个性心理特征等。运动员在每次击球时，都需要准确评估来球的速度、轨迹、下落位置和旋转，然后针对性地回应。这会刺激人的视听等感官，提高中枢神经系统的反应速度和思维敏捷度，对人的大脑和情绪有调节作用。

（三）塑造张扬个性与人格精神

现代网球运动鼓励人们展现个人特色，促进个人自由发展，这是其独特的文化价值。网球是一项既包含群体竞争又涉及个体技巧和智慧的运动，比赛中的每一个部分，都需要参赛者充分展现个人特长和水平。团队的默契配合取决于每个人充分发挥个人的战术技巧和聪明才智。在激烈的比赛中，可能随时会出现各种复杂的情况，每时每刻都需要选手认真观察，作出及时准确的判断，选择合适的战术来应对。学会抓住机会也是至关重要的，因为机会稍纵即逝，如果错失良机，就会对全局产生不良影响，只有那些具有独特个性和独立品格的人才有可能抓住机会。

四、文化学价值

（一）与时俱进，提高人文素养

通过网球运动，人们可以有目的、有意识地实现自然属性和社会属性的转变。随着时间的推移，现代网球运动在人们的日常生活中变得越来越重要，其意义和影响范围也发生了显著的变化。如今，它已经发展成为一种复杂而显著的文化现象，对个人的身心健康和发展，以及社会的政治、经济和文化等方面都产生了影响。网球运动是文化的一部分，也是普及体育文化的重要内容。与其他文化形式相比，网球文化具有范围广、影响大、感染力强的特点，受到大众的广泛欢迎。它不受性别、年龄、文化程度、地域语言等因素的影响，像法国网球公开赛、美国网球公开赛等网球赛事，就是每年最普及、最流行、最具影响力的体育文化娱乐方式之一，这些赛事就如同世界范围内的一次次文化大餐，令人神往，令人陶醉，印象深刻，长盛不衰。

现今，网球运动在不断发展的同时，其中蕴含的丰富的人文价值、教育意义和娱乐功能，已经成为社会所普遍认同的文化财富。它对人们的影响是独特的，所产生的心理与精神的效应是积极向上的。

（二）愉悦身心、增强幸福感

在 21 世纪，随着人们物质生活水平的不断提升和闲暇时间增多，人们对精神生活提出了更高的要求，对体育锻炼的重视程度也空前高涨。在这样的环境下，不少人愿意选择网球作为他们休闲娱乐活动的首选。

现代社会的人们往往面临着激烈的竞争，快节奏的生活给他们带来了很大压力，而网球运动可以为他们提供一种放松自在的休闲体验。通过参与网球运动，他们得以释放并消解长期积累的心理压力和焦虑情绪，可以放松心情享受生活，领悟生命的真谛，感受成功带来的喜悦。在愉悦和谐的运动活动中，使身心得到统一，心灵感到舒缓，促进个人的成长，使心胸更加豁达开朗。

（三）丰富文化生活，拓宽生活时空

网球运动有助于提高个人素养，丰富人们的文化娱乐生活，促进身心

健康，塑造个性品格。网球比赛有助于满足个人对社交活动和表现的需求，对身心健康和行为方式产生了积极影响。体育文化是基于民族文化的价值观、世界观和人生观而形成的，网球比赛也涵盖了情感、智慧、信仰、艺术、道德、法律和风俗等多方面的要素。

第二章　网球运动与各种文化的融合

本章为网球运动与各种文化的融合，主要介绍了四个方面的内容，依次是网球运动与休闲体育文化的融合、网球运动与校园体育文化的融合、网球运动与家庭体育文化的融合、网球运动与传统体育文化的融合。

第一节　网球运动与休闲体育文化的融合

一、休闲体育文化概述

（一）休闲体育文化概念的界定

休闲体育是指人们在闲暇之余进行的活动，这种活动具有一定的文化价值，旨在满足个人成长需求、享受身心乐趣。休闲体育文化是指人们利用空闲时间积极参与体育活动，共同探讨和传播与此相关的内容，包括物质实体、价值观念、制度规范和行为方式等。

在探讨休闲体育文化的概念时，我们可以将其理解为一种汇聚了休闲文化和体育文化的社会文化现象。这种文化形式涵盖了物质实体、价值观念、制度规范和行为方式等多种要素，是休闲文化与体育文化交融的具体表现之一。

（二）休闲体育文化内涵

现代休闲体育文化的内涵可以从以下三个方面进行理解。

（1）现代休闲体育文化是由个人根据自己的兴趣和需求，在业余时间自由选择和决定何时、何地以何种方式参与体育活动，其将个人置于活动的核心地位。

（2）休闲体育旨在通过各种体育活动来帮助人们实现健康、娱乐、享受和社交等目标，为人们身心全面发展创造条件。现代休闲体育的主要内容是运动、锻炼、健身，同时它也强调娱乐性。现代休闲体育的主要目的是为人们提供娱乐活动。

（3）休闲体育是一项融合了科技元素和文化品位的社会文化活动，所有新颖的休闲活动都是基于科学原理，并利用先进的技术、材料和方法而产生的。因此，这些新项目通常被看作是高贵的、高尚的、高品质的体育活动。

（三）休闲体育文化的基本特征

1. 自发性

休闲体育是人们在业余时间自主选择参与的活动。人们自愿参与休闲体育活动，促进身心健康发展，并获得积极的体验感，这种正面影响鼓励他们更加积极地投入体育活动。

当今时代，休闲已经不只是以前那种人们在劳动之余的休息和放松。随着自由时间的增加，休闲成为每个人的生活权利和生活中的重要组成部分。现代人的自由意识强烈，人们参与休闲活动的行为正是人们自主支配自由时间的体现。

2. 时代性

在特定的社会和历史背景下，休闲体育文化逐渐发展壮大，呈现出各个时代独有的特征。在不同的历史阶段，产生了各种不同的物质和精神文化，伴随着这些变化，体育休闲为适应时代进步而逐渐演变和发展起来。

体育活动一直都是民众乐于接受和愿意参与的休闲活动方式，当然，休闲体育活动是社会文明的表现形式，在许多情况下与社会科技的发展水平密切相关。现代流行的休闲体育活动与很久以前相比发生了显著变化，过去的休闲体育更倾向于身体的自然活动，而今天的休闲体育与科技革命联系密切。

3. 多样性

人类智慧拥有无穷的力量，人类发挥聪明才智，创造出大量的休闲体育活动。随着现代社会的不断发展和各国、各地区的密切交流，各国、各地区在创造各自特色化休闲体育的同时，也积极引进其他国家、地区的休闲体育文化，从而进一步促进了休闲体育文化的发展，使休闲体育文化活动内容更加丰富，形式更加多样。

（四）休闲体育运动的作用

伴随着人类社会的进步，休闲体育逐渐成为一种深受人们欢迎的运动形式。休闲体育和竞技体育之间有明显的不同之处，竞技体育注重规则和展示高水平动作，挑战人类各种体能极限。休闲体育是一种专注于娱乐和放松的运动形式，旨在让人们在进行轻松活动的同时舒缓身心，有益于修身养性。随着社会的快速发展，休闲体育在我国逐渐兴起。近年来，越来越多的人在职场和日常生活中面临着巨大的压力，同时随着信息技术和人工智能的迅猛发展，人们正接触着越来越多的电子设备。这些因素使得人们长期处于亚健康状态，不利于身心健康。因此，越来越多的人开始重视休闲体育的价值。休闲体育项目并不像专业运动那样需要精湛的技巧，而且它的规则也相对宽松。在休闲体育活动中，人们可以暂时远离繁忙的生活节奏，摆脱日常生活和工作的压力，为身心提供放松的时刻。因此，参与休闲体育有助于促进人们的健康成长，符合当前社会的发展需求。随着科技的快速发展，人们参与的休闲体育活动的种类也变得更加丰富多样。现在，有越来越多的人重视休闲体育活动，国家也在积极推动休闲产业的发展，可以说休闲体育是我国当前蓬勃发展的重要领域。

休闲体育是当下社会比较流行的运动方式，网球运动与休闲体育的融合式发展能够充分发挥休闲体育的社会功能，促进网球运动的发展。网球运动作为休闲体育运动之一，很适宜都市人群参与。大多数人普遍认为网球是一项绅士运动，参与网球运动的人通常会展现出优雅的形象。对于那些拥有超前思维的白领和高校学子来说，打网球已成为一种时尚。与此同时，网球运动没有限制具体年龄与性别，少年儿童可以在愉悦的氛围下打网球；年轻人可以在参与网球运动的过程中展示自身身体素质、身体力量以及奔跑速度；中年人和老年人可以根据自身实际情况来选择适当的运动量和运动强度。网球运动的运动量与运动强度具备可调控性与趣味性，能够推动参与者用自身的热情和科学的强度积极参与运动，最终实现强健体魄、愉悦身心的目的。此外，网球是一项需要隔着球网进行对抗的运动，与那些需要身体接触的运动有着明显的区别，它可以有效减少潜在的伤害。因此，在诸多体育项目中，网球的运动寿命是最长的。

（五）常见的休闲体育文化活动

按照休闲体育的运动方式及属性，可以将休闲体育文化活动分为多种类型，丰富的休闲体育活动构成了休闲体育文化的主要内容。下面简单介绍常见的几类休闲体育活动。

1. 户外运动

户外运动是指人们在自然环境中带有探险或体验探险的运动项目，包括徒步、露营、登山、攀岩、悬崖速降、定向越野等。

2. 技巧类运动

技巧类运动是指通过使用轻器械展示出高超技艺的运动方式，如花样滑板、自行车越野障碍等。

3. 命中类运动

命中类运动强调在运动中使用的技巧和展现的能力，要求使用特定的设备准确地击中目标，包括射箭、射击、保龄球、高尔夫球、网球等。

4. 冒险类运动

冒险类运动是人类挑战大自然的挑战性休闲活动，如漂流、沙漠探险、滑翔伞、游泳横渡海峡等，参与这类运动需有严密的组织措施和全面的安全保障。

5. 眩晕类运动

这类运动是借助特定运动器械和设备，使人在运动中获得日常生活中难以体验到的空间运动感觉，并在运动过程中感受身体与心理极限的刺激。这类运动主要包括蹦极、过山车等能够产生滑动、旋转、升降、碰撞的游艺项目。

6. 健身舞类运动

健身舞类运动包括各种民族传统歌舞形式和有音乐伴奏的现代舞蹈类健身方式，如各民族传统舞蹈、舞龙舞狮、秧歌、肚皮舞等。

7. 水上、冰雪类运动

常见水上项目有游泳、滑水、潜水、帆板、摩托艇、冲浪等。
常见冰雪项目有雪橇、滑雪、花样滑雪、滑冰等。

8. 游戏竞赛类运动

将竞技体育比赛规则进行简化和趣味性改造后形成的休闲游戏比赛，如沙滩排球、三人篮球等。

9. 保健类运动

这是一类节奏比较缓慢、强身健体功效明显的休闲体育活动，如瑜伽、普拉提、太极拳、木兰扇、木兰拳等运动。

二、网球运动的休闲功能

打网球不但是一项健身效果显著的运动项目，而且还是交友的有效方式。网球场上能够营造出极为轻松的氛围，所以很适宜朋友之间的交流。随着我国群众生活水平的不断提升，人们开始将越来越多的注意力投入健康方面，全民健身理念被越来越多的人接受。在这种情况下，网球运动被越来越多的人视为和商业伙伴沟通的重要媒介。

白领通常是指那些久坐办公室的人，他们由于工作繁忙，导致活动量有限。随着年龄增长，一些激烈的运动如篮球、足球和排球可能不太适合他们，因为在运动中容易受伤。相较之下，选择打网球能够更好地根据个人情况调整运动量和强度。除此之外，网球运动具有很强的技巧性和趣味性，参与者每次运动都能有新的感受，因此网球运动是一种不错的休闲活动。

三、融合网球运动与休闲体育文化的措施

（一）加强商业宣传

当今社会发展极快，应该充分利用多媒体来推动网球运动的传播，以扩大其影响范围。还可以利用国际知名网球比赛的影响力和球员热度，通过球员的吸引力和代言活动等，有效推广网球文化，吸引更多人参与网球活动，提升网球市场的消费水平，促进网球产业的发展。例如，可以通过举办上海网球大师赛和中国网球公开赛，吸引世界顶尖的网球选手到我国参加比赛。通过这种方式，不仅可以让观众近距离欣赏世界级选手的魅力，还能促进球员之间的交流，提升其技术水平。

（二）多组织大型网球活动

倡导各级网球协会及部分业余网球俱乐部在各级体育主管部门的指导下有组织地举办不同类型的网球活动，或者有组织地举办不同类型的业余网球比赛，更或是跨地区举办较大规模的业余网球比赛，从而促进跨地区网球爱好者之间的交流。同时，各系统也可以组织类似的网球比赛，促进交流。如四川省教育工委组织的四川省高校教职工网球比赛即"校长杯"网球比赛，该比赛规模较大，几乎囊括了四川省大部分高校的教职工。除此之外，各种业余比赛也可以采用企业赞助的方式，提升赛事规模和赛事档次，促使更多的人参与其中，进而大力推进休闲网球运动的开展。

（三）增加网球场馆建设

随着全民健身的广泛推进，网球运动在中国的发展取得了显著的进步，快速的经济增长为这项运动提供了可靠的资金支持。在政府政策支持和企业资金投入下，可以加大对网球场馆建设的投资，为网球运动提供更优质的设施条件，促进网球运动的发展。目前，中小城市的网球场地在政府的统筹规划下正在逐步增多，这不仅为网球爱好者提供了更好的运动体验，也能促进网球产业的发展。

第二节　网球运动与校园体育文化的融合

一、校园体育文化概述

（一）校园文化与校园体育文化的概念

1. 校园文化的基本概念

在搞清楚校园体育文化的概念之前，我们首先要了解什么是校园文化，我们主要从宏观和微观两个角度来解读校园文化。

宏观层面：在这一层面，校园文化的内容非常广泛，一切关于物质层面、制度层面和精神层面的文化都属于这一层面的内容。

微观层面：这一层面主要指的是校园课外文化活动。

宏观层面与微观层面的校园文化与通常所说的课延文化有着一定的区别，二者的差异主要体现在地位及内容组成方面。课延文化主要是一种辅助性文化，是课堂文化的延伸，其发展对于学校文化的发展具有重要的意义。

2. 校园体育文化的概念

校园体育文化属于一种多元性体育文化，其在发展的过程中涉及的内容众多，要想实现健康发展，需要学校各方面人员的共同努力。一般来说，课堂教学、课外活动、各类形式的校内外运动竞赛及校园体育基础设施建设、校园体育制度建设等都属于校园体育文化的内容。总体而言，这些校园体育文化内容，既有精神方面的，又有物质方面的和制度方面的。

校园体育文化主要是以校园精神为主要特征的一种群体文化，其文化内涵主要体现在体育观念和体育意识等方面。正是通过这些方面的发展，校园体育文化的内容才逐渐丰富和完善，并逐渐发展和形成一个一体化的校园体育文化群，这对于促进我国体育事业乃至社会主义精神文明的建设都具有重要的意义。

校园体育文化是由校园文化和体育文化共同融合而成的，它属于体育文化的重要内容，也属于校园文化的内容。二者之间有着非常高的关联度，相互促进、相互发展。校园体育文化，其限定语为校园，也就是说校园是其发展的环境，离开了校园这一环境，就不能称之为校园体育文化。体育文化也是一种限定，是关于体育方面的文化，而不是其他方面的文化。

（二）校园体育文化的基本内容

校园体育文化属于人类文化的一项重要内容，属于精神层次的文化，主要是由多种层次内容构成的一个整体。大量的实践与事实表明，校园体育文化是推动校园文化发展的重要助推力，是校园文化的重要内容。在校园体育文化发展的过程中，学生和教师扮演着十分重要的角色，他们的各种行为既推动着校园文化的发展，其自身也在其中获得了一定的益处。由此可见，校园体育文化活动的主体与校园体育文化之间是相互促进、相互推动的关系，保持彼此间良好的关系，能够有效推动校园体育文化健康的发展。校园体育文化的构成非常灵活，有着多种多样的形式，主要包括早操、课间操、课外体育活动、业余比赛、运动队训练、体育比赛和表演、学校体育运动会等。由此可见，校园体育文化的内容是非常丰富的，能吸引热爱运动的学生广泛参与。

（三）校园体育文化的特征

1. 指导性特征

校园体育文化的指导性特征主要体现在以下两个方面。

（1）校园文化的指导性受体育发展程度的影响

为促进学校教育的发展，我国制定了大量的有利于学校发展的政策，这就为我国校园体育文化的发展奠定了良好的制度保障。

（2）校园体育文化的指导性随着时代的变化而改变

校园体育文化的指导性并非永久不变，它会根据时代的发展产生相应变化。现代社会快节奏的发展给人们带来了很大的压力，对于高素质人才而言也是如此。在现代社会背景下，学校体育的目的呈现出多样化的趋势，对人才的培养也发生了一定的改变。我国的校园体育文化内容体系日益丰富，这对学生的思维与观念产生了极大的影响，同时也影响着校园体育文化体系的变革与发展。目前，出现了大量先进的教育理念，这成为推动校园体育文化发展的重要力量。

2. 表现性特征

社会文化的传承方式有很多种，如最初的文字记录、如今的影像手段的利用等，对于校园体育文化的传承与发展而言也是如此。体育运动主要是以身体来展开活动，受运动方式不同的影响，各种运动都形成了自身不同的身体形态特点。受此影响，各类体育文化也呈现出不同的特征，包括身体形态及各种运动形式，正因如此，校园体育文化也表现出突出的表现性特征。在学校体育教学中，存在着各种各样的教学方法，其中动作示范法是非常常用的一种。通过各种动作示范，各类体育运动呈现出不同的形式，正因如此，校园体育文化才得以很好地传承与发展。除了身体及动作上的传承外，语言也是一种非常重要的传承方式。在示范教学中，教师的语言讲解也是非常重要的，这也是校园体育文化传承的重要体现，以上都充分表明了校园体育文化具有一定的表现性特征。

3. 传承性特征

校园体育文化的传承性具体是指民族体育文化的接续与传承。随着时代的不断发展，当今校园体育文化的内容和思想与最初相比有了明显的区别，但从当今的校园体育文化中仍旧能找寻到文化传承的痕迹，这充分体现出校园体育文化的传承性特征。

4. 多样性特征

内容的多样性也是校园体育文化的一个非常重要的特征。作为校园文化的重要内容，校园体育教育承担着非常重要的任务。增强学生体质、培养学生体育精神、提高学生运动技能、促进学生身心全方面发展都是学校体育教育的重要内容及任务。正是在这样的背景下，校园体育文化才变得更加丰富多彩。

总体而言，校园体育文化的多样性特征主要体现在以下两个方面。

（1）理论与实践的结合

在学校体育教学中，理论教学与实践教学是两个非常重要的方面，只有二者的结合才能帮助学生有效提升自身的体育素质。通过理论与实践教学的结合，能够形成一个发展的良性循环，这对于校园体育文化体系的构建与发展具有重要的意义和作用。

（2）健身与文化的结合

体育运动的价值非常丰富，其中健身、健心、提高社会适应力都是非常重要的方面，这些价值同时也是其文化价值的具体体现。在具体的实践中，要将这些价值与体育运动的文化价值结合起来，这对弘扬和传播校园体育文化具有重要的意义。

二、网球运动在校园体育文化中的作用

（一）有利于提升校园体育文化境界

就当前而言，网球运动是一个流行速度和传播速度较快的时尚运动，参与网球运动的人数在不断增加，网球运动文化建设是加强和弘扬、提升和推动校园体育文化的重要内容，也是发展整个校园文化的重要组成部分。

体育文化的重中之重是：强身健体，增加知识，调节情感，增强意志，最终全面提升参与者的身体素质。网球文化重点提升参与者的精神品质，着重培养身心全面发展的人才。网球运动因为速度快、奔跑多而导致从事网球运动时运动量和运动强度较大，参加网球运动须具备快速的反应能力和较强的体力。因此，参加网球运动能有效提升学生的身体协调能力，提升他们的各项身体素质，增加学生表现自我的机会，有效地增强他们的适应能力和解决问题的能力。网球运动重视团队配合与合作，学生在参与网球运动与比赛的过程中能够清晰地认识到团队合作的必要性，从而有效提升"利他"意识与共赢意识，在潜移默化中养成拥有"大爱"精神的人；网球运动具有严格的规则和规定，积极参与网球运动可以有效培养学生在比赛过程中的主动进取的意识与自我约束能力。

从整体上看，在校园广泛开展网球运动有利于培养学生的"大爱"精神，进而促进学生成为全面发展的人。参与校园网球活动有助于学生保持强健的体魄、培养他们积极向上的人生态度，并促进学生综合素养的提升。因而，营造和谐、健康的网球运动环境有助于促进校园体育文化的建设，进而对全面建设校园文化产生积极影响，为全民健身的推广和培养学生终身体育意识奠定坚实基础。

1. 传播"以人为本"的竞技体育文化

校园网球文化是广大师生在校园生活中建立起来的，因此，它与校园生活息息相关。网球运动以学生作为主体，通过体育课和课外活动在校园中开展，利用校园这一特殊的环境，并与校园精神相互交融。高校网球文化在这种特殊背景下被建设和推广，有助于培养学生的体育精神、体育意识和体育技能，促进学生的身心健康发展。

2. 有利于完善学生人格修养

在高校网球课程方面，可以适当增加此项课程的学时，扩大网球场地设施，让更多的学生在课中、课余、课后积极参与到网球运动当中，实现体育运动的育人功能，在运动中培养学生团结协作、顽强拼搏、积极进取、永不放弃精神，促进学生人格修养的提升。

3. 营造校园网球文化氛围

在竞技体育中，对抗和竞争是至关重要的，这种精神有助于激发学生的潜力，推动他们在比赛过程中顽强拼搏。在不同的高校之间应当适当开展校际网球比赛，促进学校之间的交流；在校园内部，可以有序开展各类校园网球活动，激发学生的参与热情，营造良好的校园网球文化氛围，使更多的学生乐于参与网球运动。各高校应该积极推动校园网球俱乐部或网球协会的成立和发展，并为俱乐部或网球协会组织各类网球活动提供技术指导和资金支持，俱乐部或网球协会的主要作用是促进学生之间的网球交流与竞赛，提升网球在校园体育文化中的地位，通过校园媒体等多样化的宣传方式推广网球文化，激发更多学生对网球的兴趣，鼓励他们积极参与，通过校园文化建设提升学校的影响力。

（二）有利于培育大学生文明的思想及行为方式

1. 竞争进取的意识

网球运动需要参与人员有很强的体力和耐力，良好的体力和耐力有助于培养参与者的竞争意识和顽强意志。在网球比赛中，没有设定严格的比赛时限。当比赛打成平局时，选手必须领先两分才能取得本局的胜利。因此，当技艺相当的选手进行比赛时，竞争会变得非常激烈。那些备受推崇的网球选手，正是凭借其坚定的意志力和高超的技艺，在比赛中成为许多网球爱好者效仿的对象。

2. 公平竞争的原则

网球运动的规则是在深入分析这项运动的基础上制订的，每位运动员在比赛中均有平等的机会。为了使比赛公平、公正，通常在比赛开始前会抽签或抛硬币，以确定哪位选手优先发球。在确定好先发球的一方后，另一方有权决定场地方向，即挑选比赛场地。在第一局比赛结束后，双方交换发球和接球的角色，原先发球的一方变成了接球方，原先接球的一方变成了发球方。在接下来的每一局比赛结束后，双方都将互换发球顺序，直至比赛结束。网球比赛一般情况下都在室外进行，容易受到风向和太阳光照等场地因素的干扰，因此比赛过程中会采用奇数局规则，即双方比赛局数相加为奇数时需要交换比赛场地。当比赛双方都得到三分时，裁判会称之为"平分"，而在之后的比赛中，其中一方必须领先两分才能赢得该局的比赛。网球比赛的规则体现了公平竞争和体育精神，严格的制度和公平的原则促进了网球运动向着健康稳定的方向发展。

3. "以人为本"的品质

在网球运动中，教师发挥着重要的作用，在课堂上，教师除了向学生传授网球技能，更重要的是培养学生的价值观。学生的综合素养不仅体现在网球技术上，还反映在他们的品质和文化修养上。因此，应该积极推动人文教育在网球运动中的应用，从传统的"网球教学"转变为更注重学生全面发展能力的"网球教育"。教师要不断改革教学理念、教学方法和教学手段，不断学习新技术和新观念，确保每堂网球课都有能够吸引学生注意力的新内容，为学生创造良好的学习氛围。

（三）有利于培养大学生科学规范的行为标准

网球在长时间的发展过程中逐渐形成了制度化与规范化的特征，不论是职业选手还是业余网球爱好者，参与网球运动都须严格遵守相关的网球规则和制度。因此，在大学校园推广网球体育文化，让更多的大学生参与到网球运动之中，有助于提升大学生的行为规范，增强他们的规范意识，进而使其成为全面发展的人。

首先，开展多种形式的网球运动是推动高校体育文化建设的有效措施，在网球运动的开展过程中，让他们充分了解网球比赛的相关规则，鼓励并指导大学生积极参与校园网球比赛，在比赛过程中严格遵守相关制度，用严格、规范的制度约束自己的行为。尤其是在学习和训练过程中，大学生通过效仿职业网球选手的行为举止，培养自身良好的品格，逐渐提升自身的礼仪修养。这样无论是在参与体育活动还是将来步入职场，学生们都能够遵守规范和纪律，用更高的标准要求自己。

其次，网球运动一直以来以高雅著称，参与者可以在这项运动中学到丰富的网球知识、技能和社交礼仪。例如，在网球训练或正式比赛中，当一方球员的击球弹到网带后掉入对方球场而导致对方无法正常击球时，通常这位选手会立即向对手举手致歉。这种行为可以激励大学生无论在参与活动或是日后参加工作后，都可以用更高的标准严格要求自己，减少错误的发生。网球体育文化内容丰富，除了参赛选手应该遵守的文明礼仪之外，观众文明观赛等也是其中的重要方面。

三、校园体育文化与网球文化融合的对策

（一）全力提高网球运动的师资力量

教师的教学水平对于大学校园体育文化建设至关重要。目前，我国大学校园网球体育教师的整体水平还有很大的提升空间。因此，在促进大学网球体育文化高效建设的过程中，应把重点放在提升网球体育教师的整体教学能力上，只有全体教师的教学水平有所提升，高校网球体育运动才能更好地发挥作用。针对高校网球教师的现状，可适当改革招聘网球教师的考核标准，引进高水平网球运动员或职业网球运动员到高校从事网球运动的教学工作；现有的从事网球教学的教师，可以加大培训力度，通过全面的技能培训或专业的指导，提升他们的网球专业水平。

除此之外，教师在教书育人方面也发挥着关键作用，他们的行为举止、思想品德、教学理念都会对学生产生影响。体育教师与其他教师略有不同，除了教书育人之外，体育教师还需在身体素质方面发挥表率作用，能够为学生正确示范各项技术动作，传授动作要领，在学生身体活动课中承担着重要的教育使命。

（二）建设科学的网球运动场馆

网球运动场馆是大学网球运动教学和训练的重要场所，因此，网球场馆的建设十分关键。需要努力提升网球场地的设施水平，使开展网球运动所需要的设备更加齐全，以满足网球运动的设施需求，为师生创造一个良

好的网球运动环境。学校需要积极整合体育资源，在努力完善网球场馆设施的同时，可以通过与企业合作，以广告赞助或企业在校园内的网球运动场冠名等方式筹集资金支持，用于支持网球场地的日常维护和器材设施的完善。

（三）将网球教学与训练融入校园文化建设

教师在开展网球课程时，应该将具体的教学内容与学生的品德教育和校园文化建设有机结合起来，以增强课程的实际效果。在日常开设的网球比赛中，教师应该努力培养学生诚实守信的品质，确保诚信的理念贯穿于比赛的各个环节。在比赛中，裁判可能会出现错判或误判的情况，为了应对这种情况，教师应该在比赛开始前就向学生强调诚实参赛的重要性，让学生充分了解比赛规则并认真遵守。通过这样的方式，学生可以通过自己的经验来实践并检验自己的品德和行为，逐渐培养自我约束和求真务实的性格品质。通过教材内容和教学实践的有效结合，可以推动我国高校校园文化的发展。

第三节 网球运动与家庭体育文化的融合

一、家庭体育文化的定义和意义

家庭体育文化是那些在家庭日常体育活动中积累和传承下来的精神和物质产品的总和。家庭体育文化属于私性文化，是个体有选择地传承的产物。当家庭成员被家庭体育文化感染时，会对他们的情感、价值观和行为方式等产生深远影响。与公共文化不同的是，家庭文化的提供主体具有非政府性的特质。

家庭体育文化的缺失不仅反映出家庭生活结构的不完善，还可能反映出家庭生活状况不佳。体育文化活动可以带动家庭成员选择健康的生活方式，促进其身心健康成长，在提升家庭生活质量上发挥着关键作用。

二、家庭体育文化对网球运动的促进

家庭体育文化对网球运动的促进是多方面的。

首先，家庭体育文化可以营造良好的运动氛围，鼓励家庭成员积极参与网球运动。在家庭中，父母可以成为孩子的榜样，通过自己的运动行为激励孩子对网球的兴趣和热情。同时，家庭成员可以共同参与网球运动，增进彼此之间的互动和亲情。

其次，家庭体育文化有助于培养孩子的网球技能和兴趣。通过家庭教育和学校教育的配合，孩子可以在网球运动中获得更多的技能和知识。家庭可以提供更多的时间和精力来培养孩子的网球技能，同时也可以通过父母与孩子一起观看比赛、讨论技术等方式提高孩子的兴趣和热情。

三、网球运动融入家庭体育文化的对策

（一）开展家庭网球赛

近些年来，随着经济和社会的不断提升，人们的生活条件越来越好，业余生活变得十分丰富，网球运动也吸引了越来越多人的关注，参与网球运动的人数不断增多，举办的网球比赛也越来越多。近年来，一种具有特色的网球比赛形式逐渐受到人们的欢迎，那就是家庭网球赛。家庭网球赛是家庭成员之间参与的比赛活动。家庭间举办网球比赛可以促进网球运动的普及，鼓励更多人积极参与体育锻炼，树立终身体育的观念。同时，家庭网球赛也有助于增强家庭凝聚力，促进家庭关系的和谐，培养家庭成员自主锻炼意识。家庭网球赛已陆续在北京、苏州、深圳、贵阳、广州等城市展开。

（二）推广微网球

微网球是一种简单且易于学习的网球运动。微网球消除了网球场地限制，使更多人能够参与其中。一种运动唯有获得大众的喜爱和支持，才能真正成长壮大，并具备长久存在的意义。

微网球也是家庭健身必不可少的项目，它打破了网球场地的限制，为促进家庭体育活动的开展提供了更多的便利。

第三章 高校竞技网球运动文化

本章为高校竞技网球运动文化，分别介绍了四个方面的内容，依次是高校网球运动竞赛的组织、高校网球运动竞赛的编排、大学生网球联赛的开展、高校网球竞技文化的传承。

第一节 高校网球运动竞赛的组织

高校网球竞赛组织工作是竞赛工作顺利进行的基本保证，其组织机构的规模大小由比赛性质决定。比赛的形式有：锦标赛、冠军赛、杯赛、邀请赛、选拔赛、表演赛及综合性运动会等。组织比赛是一项既复杂又细致的工作，对每一个环节必须科学安排，周密考虑，使之有条不紊的进行。

一、高校网球竞赛组织的工作内容

高校开展网球竞赛，主要是为了对大学生运动员的训练成果进行检验，为大学生运动员之间的技术交流提供平台，对优秀的网球运动员进行培养，推动高校网球运动的发展。高校应紧紧围绕这些目标来组织网球竞赛，开展相关工作。竞赛委员会是举办网球竞赛活动的组织机构，成立这一机构是为了确保网球比赛顺利进行。

高校网球竞赛组织机构要按照网球竞赛工作计划有序开展工作。组织网球比赛是一项复杂而细致的任务，涉及面广，它是决定比赛能否顺利进行的关键，直接影响比赛任务的完成。通常，比赛的组织可以分为三个阶段：竞赛前筹备工作、竞赛中的工作和赛后工作。

（一）竞赛前筹备工作

网球竞赛主办单位应根据比赛的性质和规模召集各有关部门，成立比赛的领导机构——组织委员会（或筹备委员会），并就比赛的组织机构、组织方案、竞赛章程、工作计划等重要事项，提交领导机构审定。

1. 讨论和确定组织方案

根据学校体育组织的竞赛工作计划和竞赛的性质来确定组织方案，一般包括以下方面。

（1）竞赛的名称

根据学校相关组织部门对比赛提出的任务和要求来确定。

（2）竞赛的规模

根据竞赛的目的、任务来决定，其主要内容应包括主办单位、参加单位、参加运动员人数，以及竞赛的地址和日期等。

（3）竞赛的组织机构

根据实际需要建立必要的组织机构，其内容包括竞赛的组织形式、工作人员的名额、组织委员会下设的主要工作部门及其负责人名单等内容。

（4）竞赛的经费预算

经费预算应本着勤俭节约的原则，根据实际需要来制定。其内容应包括比赛场地的维护，以及器材设备、奖品、交通、食宿、接待、医药和文具等项目的经费预算。

2. 成立组织机构

组织机构的形式与规模，应根据实际工作需要来组建。由高校有关部门负责人组成领导机构，建立组织委员会，其人数应根据竞赛的规模和工作需要而定。下设办事机构，一般应包括办公室、竞赛（含编排）、场地、宣传、后勤（含接待）保卫等工作部门，以及仲裁委员会。

3. 各部门分工与职责

为了保证网球竞赛的顺利进行，各相关部门应该按计划有所分工，但是既要有明确的分工，又要相互协作，共同完成竞赛大会的任务。具体分工和职责如下。

（1）竞赛组织委员会

竞赛组织委员会负责竞赛的全部工作。竞赛组委会是比赛的权力机构，成员应包括各方面有关领导，以便解决各方面的工作问题。组织委员会主要职责首先是要掌握竞赛大会的方针，并研究和批准竞赛规程。同时，组委会要研究和批准竞赛大会的所有工作计划。另外，组委会要会前听取筹备工作汇报，研究解决有关问题，会后听取、批准大会总结或处理有关的问题。

（2）办公室（或秘书处）

办公室是组委会的日常办事机构。它主要贯彻执行组委会的决议，协调各部门工作，掌握工作进程，制定竞赛规程和工作日程计划，处理日常行政工作等。其主要工作职责有：组织委员会会议；裁判报到日期和学习；场地器材的准备；动员工作；开幕式和闭幕式；各代表队领队会议；组织学习报告或经验交流；大会总结等项工作。同时，办公室还要制定各种规章制度与须知（大会须知等）；负责对外联系；召开有关会议，统一解决各组之间的问题；编制预算等事宜。

（3）竞赛部

竞赛部门负责竞赛、裁判、注册编排、场地器材，解决竞赛中出现的问题及调研工作。主要工作职责范围，首先是负责裁判工作，制订裁判员计划，包括人数、来源、学习等。其次是组织注册，编印秩序册，准备场地和各种器材（包括场地设备、器材和裁判用具等）；召开有关会议，解决有关比赛的各种问题；会前要召开裁判长，教练员联席会议。最后是比赛期间必要时召开有关会议，解决比赛中出现的问题；安排各队练习，组织经验交流、座谈，排列出各队名次。

（4）仲裁委员会

仲裁委员会是网球竞赛的仲裁机构，在组委会领导下开展工作，任务是复审比赛期间在执行竞赛规则、规程中发生的纠纷。但仲裁委员会不受理按规则、规程、规定应由执行裁判、裁判长职权范围内处理的有关事宜，以及与竞赛无直接关系的违反纪律、寻衅闹事、打架斗殴等行为（这些应由组委会会同有关方面进行处理），仲裁委员会根据申诉及当场执行裁判、裁判组的书面报告，进行必要的调查研究，召开会议进行讨论并作出决定，对申诉所作的决定为最终裁决。比赛结束后，该机构自行撤销。

（5）宣传部

宣传部门要负责宣传报道并组织好大会的宣传报道工作。组织通讯报道与编辑会刊，研究制定先进集体和先进个人的评选条件和细则，同时，准备各种宣传材料，根据需要组织参观等活动。

（6）总务后勤保障部

总务后勤部要负责比赛场地的一切准备工作，如添置、安装必备的器材，安排清扫及维修场地以及灯光设备、管理人员工作，广告安置等；同时，要做好大会的物质准备和大会的生活管理工作，解决大会中有关生活方面的问题。

4. 制定竞赛规程

网球竞赛规程是非常重要的指导性文件，对指导网球比赛的顺利进行具有重要意义。若竞赛规程已由大会组委会制定并颁发，则竞赛委员会对此要严格执行。若竞赛规程是由竞赛委员会自行制定，则要注意规程内容的全面性，具体包括比赛名称、报名方法及截止日期、参赛者报名资格、比赛起止日期、比赛地点、比赛内容、比赛方法、比赛规则、录取名次与奖励办法、裁判人员要求、抽签时间与地点及其他特殊规定等。

5. 编印报名表、秩序册、成绩册和成绩公报

（1）报名表

报名表格式及内容如表 3-1-1 所示，一式两份，分别上报主管部门和提交承办单位。报名表的填写应清晰、准确无误，填写不规范者，按无效报名处理。

表 3-1-1　网球比赛报名表

姓名	性别	民族	出生日期	学校	参赛项目				前一年同一比赛名次
					单	双	混双	团体	

报名截止后，如参赛人员名单有变动，需在抽签前向承办单位申请修改，抽签后不得更改报名表。

（2）秩序册

在赛前编印秩序册，内容包括竞赛规程、大会日程、各部门人员名单、裁判人员名单、各运动队名单及比赛秩序表（若现场抽签，比赛开始前发给各参赛队）。

（3）成绩册

① 成绩册在比赛结束时编印，发给有关单位和各代表队。

② 成绩册包括比赛中产生的所有成绩。

③ 以竞赛规程为参考排出成绩顺序。

（4）成绩公报

① 对成绩公告栏进行设立，对每天的比赛成绩都要进行公告。

② 对成绩公告表进行编印，发给有关单位和各代表队。

③ 公布的成绩应包含局数、比分等比赛结果信息。

（二）竞赛中的工作

竞赛期间的工作主要是根据实际需要和一些突发事件作出及时、迅速的反应，并解决相应工作问题，主要有以下几方面。

（1）要不断对运动员进行思想教育，使其端正比赛态度，正确对待比赛胜负，尊重裁判员，正确对待观众。

（2）大会有关人员和裁判员应经常深入球队中去，征求意见，及时改进工作。

（3）场地组应经常对比赛场地、器材和设备进行检查和管理，以便保证竞赛顺利进行。

（4）遇有特殊情况需要更改比赛日期、时间和场地时，竞赛组应及时通知有关部门和比赛各队。

（5）治安保卫组应经常注意住宿和比赛场地的安全和秩序。

（6）大会各部门应经常与各队取得联系，听取意见，改进工作，必要时召开领队、教练员、裁判长联席会议，及时处理和解决比赛中出现的问题。

（7）做好大会的宣传及保卫工作，确保比赛顺利进行。

（8）认真组织好大会闭幕式发奖、总结等工作。

（三）赛后工作

认真组织好大会闭幕式，作大会的总结报告和颁发奖品；安排和办理各队离会的有关事宜，做到善始善终，并向上级汇报工作情况，同时各部门要总结大会期间的工作。

比赛结束后，主办单位写比赛总结，内容包括比赛地点与起止时间、参赛单位与人数、比赛场次、经费支出、比赛中出现的问题及处理结果、经验与意见及其他内容等，将比赛总结按时上报主管部门。

二、高校网球竞赛组织方法

高校网球竞赛的常见组织方法有以下五种。

（一）淘汰竞赛方法

在参赛队员比较多、比赛时间有限的情况下，为节约时间，可采用淘汰法，包括两种形式：一种是单淘汰；另一种是双淘汰。这种组织方法只能为参赛队提供较少的比赛机会，参赛队及运动员的真实水平很难充分体现出来。

（二）循环竞赛方法

参赛队相互之间都展开比赛的方法就是循环法，包括两种形式：一种是单循环，比赛中相遇一次；另一种是双循环，比赛中相遇两次。用该方法组织比赛，能够使参赛队将自己的真实水平充分展现出来，但耗时较长。

（三）顺序竞赛方法

参赛者按一定的先后顺序，体现其时间快慢、重量轻重、距离远近、分组多少等的竞赛方法就是顺序法，具体包括螺旋式、蛇形等多种排列分组方式。

（四）转换竞赛方法

对参赛者进行分组，在同一时间进行各项目的比赛，一个项目的比赛结束后，各组依次轮换再进行其他项目比赛，这种组织方法就是轮换法。

（五）混合竞赛方法

将上述组织方法结合起来运用到比赛中的方法就是混合法。如采用分组循环的方法组织比赛，再安排同名次进行决赛或交叉决赛等。这种组织方法既节省时间，又能避免场地的影响，同时可以使参赛队展现自己的真实水平。

以上竞赛组织方法中，淘汰法、循环法及混合法的运用比较多，高校网球比赛中具体采用哪种组织方法，要依据比赛规模、时间安排、场地情况及其他客观实际而定。

第二节　高校网球运动竞赛的编排

一、高校网球竞赛编排方法

下面主要分析单淘汰赛与单循环赛的编排方法。

（一）单淘汰赛编排方法

将运动员按位置的顺序排列成一定的次序，相邻的两名运动员进行比赛，负者淘汰，胜者进入下一场比赛，直到最后确定优胜者（冠军）为止。淘汰制是网球比赛中常用方法，具有强烈的对抗性。一般是参加比赛人/队数较多而比赛的时间短的情况下采用，而且将比赛逐渐推向高潮。这种方法可以节省时间，但大部分参赛者比赛的场次少，相互学习和交流的机会较少。

1. 比赛轮数的计算

号码位置数是最接近参赛人数且较大的 2 的乘方数，轮数就是 2 的指数，如参赛者 27 人，号码位置数是 2^5，轮数是 5。

2. 比赛场数的计算

场数计算公式：

$$场数 = 参赛队（人）数 - 1$$

例如，参赛队（人）数是 8，比赛场数就是 7，如图 3-2-1 所示。若队数或人数是 2 的乘方数，如 2、4、8、16 等，采取累进的淘汰制方法安排比赛（见图 3-2-1）。

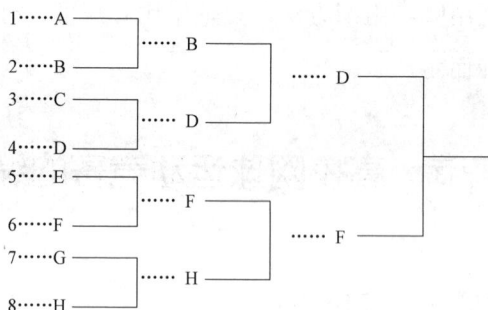

图 3-2-1　比赛场次

3. 计算轮空数

若参赛者人数是 2 的乘方数，则第一轮都有比赛。如果不是 2 的乘方数，则第一轮有"轮空"，使参赛者在第二轮中形成"满档"，即 2 的乘方数，这样才能循序渐进地进行比赛。

轮空数计算公式：

$$轮空数 = 号码位置数 - 参赛人数$$

例如，参赛者 27 人，按比赛轮数的计算方法，号码位置数就是 32 个，则轮空数就是 5，第一轮有 5 个号码轮空，与这 5 个号码相遇的参赛者直接进入第二轮比赛，他们和第一轮比赛中的胜出者形成 2 的乘方数 16。如图 3-2-2 所示，32 个位置的抽签表，用于 27 人参赛时的抽签。

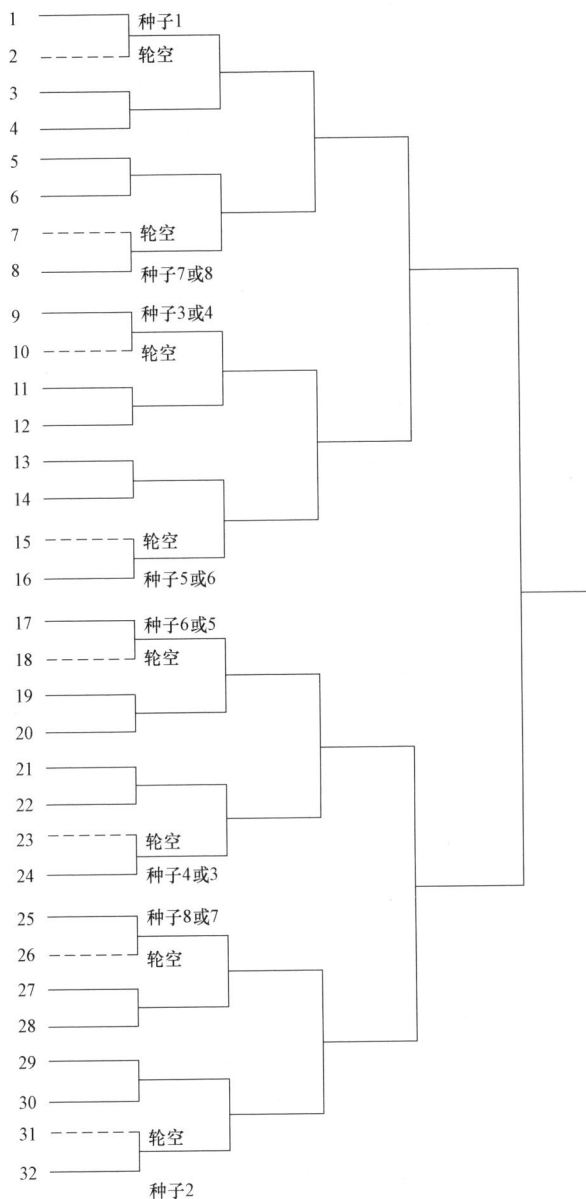

图 3-2-2 计算轮空数

4. 安排抢号（预选赛）

参赛人数若稍多于偶数档时，如 37 人，则从 32 号位表"增加"比从 64 号位表"减少"更简便。具体可从上半区最底的位置开始，将原来的几个位置各分为成双的两个位置（2 名运动员），直到能够使所有运动员都填入。若要列入图表的额外比赛数是奇数，上半部应为奇数（即上单下双）。

一般在正式比赛之前安排抢号（预选赛）（如图 3-2-3 所示，32 个位置的抽签表，用于 37 人参赛时的抽签）。

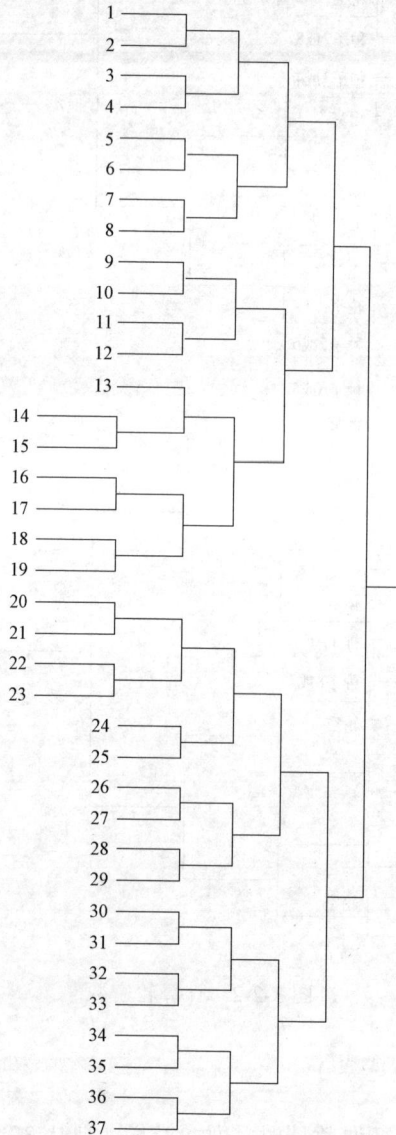

图 3-2-3　安排抢号

5. 单淘汰附加赛

单淘汰只能决出第一名、第二名，要继续组织附加赛才能决出其他名次顺序，即胜者之间比赛和负者之间比赛。如参赛者为 8 个队（人），比赛安排如图3-2-4 所示，可排出所有名次顺序。

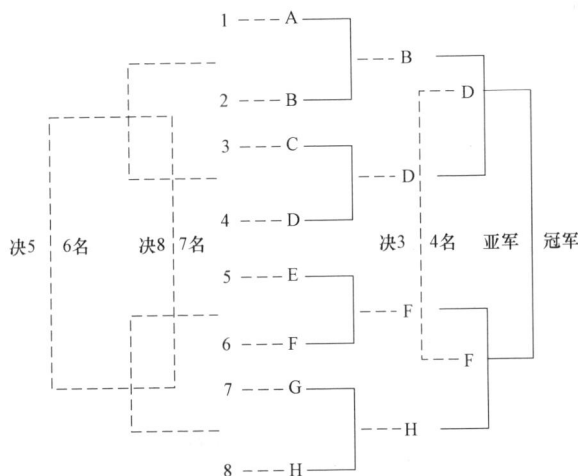

图 3-2-4　单淘汰附加赛

6. 选手的确定及位置

（1）种子选手的确定

网球比赛中，每 4～8 人有 1 个种子选手，但不管参赛人数有多少，最多也只能有 16 个种子选手。双打比赛中，如果不是原配对，就不能成为种子选手，除非有其他相关规定。

用抽签的方式决定参赛者的位置，1 号种子选手和 2 号种子选手除外，他们分别在最上端位置和最下端位置。若经过抽签后，3 号种子选手的位置在上半区（或下半区），则 4 号种子选手在下半区（或上半区），其余种子同样如此。

种子选手的设定与位置编排如表 3-2-1、表 3-2-2 所示。

表 3-2-1　种子选手的设定

项目	单打				
号位	8	16	32	64	128
设种子数	2	4	8	16	16

表 3-2-2　种子选手的位置安排（128 号位，16 个种子选手）

号位数＼种子序号	1	2	3、4	5、6、7、8	9、10、11、12	13、14、15、16
8	1	8				
16	1	16	5、12			
32	1	32	9、24	16、17、8、25		
64	1	64	17、48	32、33、16、49	9、56、24、41	25、40、8、57
128	1	128	33、96	65、64、32、97	17、80、49、112	16、81、48、113

（2）非种子选手的位置

非种子选手抽签时，凭抽签顺序，将所有剩余选手的姓名填入剩下的号位上。

（二）单循环制编排方法

循环赛制是参赛的各运动员/队，在整个竞赛或同一小组中彼此都有相遇的机会，最后按运动员/队在全部比赛中胜负场数或得分多少，按一定的计分方法，合理确定名次。这种方法能较合理地确定参赛运动员/队的名次，也使各运动员/队有较全面的相互交流和学习的机会。一般用于参赛运动员/队不多且场地多的、比赛时间充足时采用。

但作为一种竞赛制度，循环制也有它的缺点。在一定的时间和场地设备的情况下，允许参加比赛的人/队数要比单淘汰赛少，而且名次的计算方法也比较复杂。循环赛制又分为单循环，双循环和分组循环三种。网球单循环赛中，各队都出场比赛 1 次称为"一轮"，每轮比赛场数相同。

1. 计算轮数和场数

对比赛轮数与场数进行计算，能够对比赛时间进行估算，并合理安排相应的裁判人员及其他工作人员。

轮数计算方法分以下两种情况。

第一，参赛队（人）数是奇数时，轮数和队（人）数相同。第二，参赛队（人）数是偶数时，轮数＝队（人）数－1。

比赛场数计算公式：

$$比赛场数 = \frac{队数或人数 \times (队数或人数 - 1)}{2}$$

2. 比赛顺序的确定

通常用逆时针轮转法来编排比赛顺序，具体操作如下。

1 号固定不动，第一轮次序的安排是依次写出参赛人数的前一半号码，排在左侧，从下向上依次写出后一半号码，排在右侧，用横线连。第二轮次序安排方法是 1 号位置固定不动，其他号码逆时针轮换一个位置，即可排出比赛顺序。第三轮次序的安排是在第二轮次序位置的基础上逆时针轮换一次，其他各轮的比赛顺序依此类推。

例如，参赛的有 6 个队（人），比赛顺序如表 3-2-3 所示。

表 3-2-3 16 队（人）参赛的顺序安排

第一轮	第二轮	第三轮	第四轮	第五轮
1～6	1～5	1～4	1～3	1～2
2～5	6～4	5～3	4～2	3～6
3～4	2～3	6～2	5～6	4～5

3. 名次的决定

如团体赛，采用三场两胜制，每场三盘两胜制。单循环制按获胜场次数排出名次，如积分相同，按净胜盘数决定名次；若净胜盘数还相同，按净胜局数决定名次；净胜局数相同的情况下，按净胜分数排出名次。

二、高校网球竞赛编排原则

公平性原则：确保竞赛过程中的公平性，所有参赛选手必须在相同的规则和条件下进行比赛。

透明度原则：竞赛项目的规则和评分标准必须明确、透明，并向参赛选手提供详细的说明。

全面性原则：竞赛项目应全面覆盖相关主题和技能，以考核参赛选手的综合能力和潜力。

实用性原则：竞赛项目的内容和要求应具有实用性，能够与实际工作或生活场景相关，帮助参赛选手提升实际能力。

创新性原则：竞赛项目应鼓励参赛选手表现出创造力和创新思维，能够推动相关领域的进步和发展。

持续性原则：竞赛项目的设计应注重长期发展和持续性，以便能够吸引更多的参赛选手和观众。

安全性原则：竞赛项目应确保选手在比赛过程中的安全，避免出现危险或伤害风险。

协作性原则：竞赛项目应鼓励参赛选手之间的合作与交流，以促进团队精神和协作能力的发展。

评价公正原则：竞赛项目的评委应具备专业能力和公正评判的观念，确保评分过程的公正性和客观性。

激励原则：竞赛项目应通过奖励机制和激励措施，激发选手的积极性和参与度，增加竞赛的吸引力。

三、高校网球竞赛用表

（一）网球比赛秩序表

完成抽签任务后，要对每天的比赛场次、时间等进行详细安排。对比赛秩序表进行设计时，原则是先单打后双打，而且要对参赛选手的负担量进行充分考虑。网球比赛秩序表的格式如表 3-2-4 所示。

表 3-2-4 网球比赛秩序表

时间 _____年___月___日 地点 _____ 裁判长 _____

场次＼场地	1 号场地	2 号场地	3 号场地	4 号场地	5 号场地	6 号场地	7 号场地
1							
2							
3							
4							
5							
6							
7							
8							
9							
10							
组长组员							

（二）网球比赛常用表格

网球比赛的组织与实施过程中，为方便管理和开展工作，一般会用到多种表格，下面列几种较为常用的比赛用表（见表 3-2-5～表 3-2-7）。

表 3-2-5 预选赛选手登记表

比赛名称 _____ 比赛项目 _____ 报名截止日期 _____

	选手姓名	排名	抽签、编码	抽入位置号
1				
2				
3				
4				
5				
6				
7				
8				
9				

续表

	选手姓名	排名	抽签、编码	抽入位置号
10				
11				
12				
13				
14				
15				
16				
17				
18				
19				
20				

表 3-2-6　正选赛选手签到表

比赛名称 _____　　比赛项目 _____　　登记截止日期 _____

序号	选手姓名	选手本人签字	抽签、编码	抽入位置号
1				
2				
3				
4				
5				
6				
7				
8				
9				
10				
11				
12				
13				
14				
15				
16				
17				
18				
19				
20				

表 3-2-7 双打项目参赛选手登记表

比赛名称 _____ 监督 _____

登记日期 _____ 星期 _____ 时间 _____ 截止日期 _____

序号	选手姓名	平均分	排名	混合排名 积分合计
1				
2				
3				
4				
5				
6				
7				
8				
9				
10				
11				
12				
13				
14				
15				
16				
17				
18				
19				
20				

第三节 大学生网球联赛的开展

一、我国大学生网球联赛开展的影响因素

当前，影响我国大学生网球联赛开展的因素主要体现在以下三个方面。

（一）经济方面的因素

大学生网球联赛的相关经费主要有三个来源渠道：第一是赛事承办单位网球教研室投入的资金；第二是大学生网球运动员交纳的报名费；第三是社会企业赞助。相对而言，主办单位在资金上的支持力度小。总体而言，现有经费不能充分满足赛事需要，有限的资金直接限制了比赛场地的租赁、给工作人员的报酬及给优胜者的奖励，也严重影响了各高校参加联赛的积极性，影响了承办单位办赛的积极性，制约了赛事的顺利开展和持续发展。

（二）运动员方面的因素

1. 运动员的参赛动机

大学生网球运动员将参加网球联赛看作一个锻炼与提升自己的机会，主要是为了提高自己的网球技能水平而参加比赛，也有一部分大学生参加网球联赛是为了取得好成绩和奖励。但以后者为动机的大学生所占比例相对较少，可见大学生对夺冠没有十分强烈的欲望，这反映了大学生运动员对自己的实力没有信心，认为自己的技能还没有达到较高的水平。

2. 运动员水平

高校网球队的大学生运动员中，有一部分在步入高校之前对网球运动丝毫没有接触过，网球基础较差，也完全没有实践经验。虽然进入高校后通过上网球课和参加训练，网球技能有了显著提高，但因为学习与训练的时间较短，而且缺乏一定的系统性与专业性。所以运动员的整体水平较低，也直接影响了大学生网球联赛的水平。

（三）组织管理方面的因素

1. 比赛次数少

当前，我国很多地方的大学生网球联赛都缺乏较为健全和完善的竞赛体制，每年举办的校际网球比赛次数较少，运动员的参赛需求得不到满足，影响了运动员实战能力的提升。

2. 组别划分不明确

有关学者在调查中了解到，大学生网球联赛的参与者既有网球专业的本科生和研究生，也有非网球专业的网球爱好者，相对而言，网球专业的学生不管是理论知识储备，还是网球技术水平，实力都比普通学生强，网球专业的研究生更是非常有竞争力。不同水平的运动员同时参加比赛，虽然对水平较低的运动员来说是一个学习与挑战的机会，但比赛结果一般都没有悬念，屡次失败的运动员会失去积极性和信心，而且观众也认为这样的比赛不像高手对决那样精彩。

不同水平的运动员之所以会在比赛场上相遇，除了和比赛抽签的随机性有关外，还与没有对参赛选手进行明确的组别划分有关。水平较低的选手基本是一轮，组别划分不明确直接影响了比赛水平与比赛质量，也不利于通过网球比赛宣传网球运动的美好形象。

3. 比赛时间不连贯

高校网球专项课、选修课的课时安排比较满，也造成了网球场地供不应求的现象。校际网球比赛大都在周六、周日举办，但如果参赛队或参赛人数多，两天时间是不够的，要连续两个或三个周末才能举办完，这样不利于网球比赛的连续进行。

4. 裁判员业务水平有限

大学网球联赛中的裁判员大都是高校网球专业的学生，虽然他们掌握了裁判的基本知识与技巧，但缺乏实践经验和临场执裁经验，面对赛事中的突发事件不知如何处理，临场应变能力较差，而且把握不好执裁尺度。此外，有些比赛中，并非每场比赛都设有裁判员，如果不是涉及名次之争的重要场次比赛，就会实行信任制比赛，不安排裁判员，这直接影响了大学生裁判员在实践中锻炼的机会。而且，裁判员在提高自身执裁能力方面缺乏自觉性，学校对这方面的培养也不够重视，裁判员的执裁能力直接影响了网球比赛的质量。

5. 缺乏宣传

大学生网球联赛在举办前和举办过程中，因为没有大力宣传，所以没有形成活跃的氛围，比赛环境冷清，参赛者的积极性受到打击。宣传力度不足同时也影响了高校网球运动的普及与发展，影响了校园网球文化建设。

6. 录取人数和奖励少

很多大学生运动员都认为采用单淘汰制进行比赛时录取人数少，而且这一赛事存在偶然性，导致很多参赛选手在第一场被淘汰后就没有继续参赛的机会，对大学生参赛的积极性造成了严重的影响。

高校网球比赛的奖励以证书为主，有些地方也设置了奖金，但数额较少。运动员对这些奖励都不太满意，希望有更丰富、更有意义的奖励。奖励设置得丰富一些，能够提升大学生参赛积极性，也能为比赛增添活力，提高比赛的宣传效果和影响力。

二、促进我国大学生网球联赛开展的对策

了解我国大学生网球联赛开展的现状与影响因素后，应着重从以下几方面有针对性地解决上述问题，以提高大学生网球联赛的水平，推动大学生网球联赛的发展与高校竞技网球文化建设。

（一）拓宽经费来源，增加经费投入

充足的经费是顺利举办网球赛事的基础条件，因此赛事组织者应向学校有关部门积极争取资金上的支持，同时要将本校现有的网球资源充分利用起来，加强与社会有关单位的合作，拓展筹资渠道，吸引社会各界的支持，接受企业及有关部门的资金、物质等赞助，为比赛积累必要的资金和

物质资源。

另外，如果参赛人数多，应将新、旧场地设施资源都利用起来，穿插举行不同比赛，以提高球场利用率。同时也起到宣传网球比赛的作用，使校园网球氛围活跃起来，营造良好的比赛环境。

（二）举办形式多样的网球比赛

当前，我国大部分地区举办的校际网球联赛次数非常少，要适当增加比赛的次数。如一年一次的校际比赛可调整为一个季度一次比赛或一个学期一次比赛，将比赛周期缩短，同时也要充分考虑参赛群体、比赛时间、比赛办法等方面的问题，保证网球比赛的连续性和稳定性。

校内比赛的举办也能在一定程度上推动校际联赛的发展，各高校可根据本校的实际情况举办形式丰富的网球比赛，如各院系内的比赛、校园挑战赛、团体赛等。举办这些比赛时，各高校网球协会或俱乐部应发挥带头作用，通过形式丰富的网球比赛来大力宣传网球文化，营造良好的网球文化与比赛氛围，激发大学生参与比赛的热情和技术能力，进而提升大学生参加校际比赛的积极性和比赛能力。

（三）完善网球比赛制度

开展大学生网球联赛，应结合男生与女生的报名人数，相对平衡地设置男女比赛项目，并根据实际条件和参赛者的需求设置男生与女生都可以参加的混双项目和团体项目，以吸引更多的大学生参加。

比赛中采取哪种组织与编排方法，要视参赛人数、比赛时间、场地条件等客观情况而定，在综合考虑相关因素的基础上作出合理选择。在比赛中，要根据参赛选手的性别、专业、运动水平等划分不同的组别，从而对不同水平参赛者的技战术能力进行检验，同时也让水平一般的大学生积极参加比赛，提升自信，向高水平运动员学习。比赛规则必须明确，赏罚措施合理，营造良好的比赛氛围，创造公平的比赛环境。

信任制比赛固然能够培养大学生的道德素养，但也要适当在一些比赛场次中安排裁判员，给大学生提供执裁机会，锻炼大学生的执裁能力，提高大学生的裁判素养，这也是保证比赛公平和质量的必要措施。

在举办大学生网球联赛期间，适当开设一些网球文化活动，穿插举办网球基本功比赛、网球趣味和技巧比赛等，使网球比赛的内容更充实，比赛的意义更丰富，比赛的风格更鲜明，营造浓郁的校园网球文化氛围，优化网球比赛环境，充分发挥网球比赛传播校园网球文化的作用。

（四）健全网球比赛管理机制

在筹办网球比赛期间，根据比赛规模、比赛环境、比赛条件等设立相关工作小组，如宣传策划小组、现场维护小组、裁判与监督小组、财务小组、医疗救助小组、啦啦队等。每个小组都由具备相应能力的人员组成，各小组明确分工，各尽其责，相互协调配合，共同开展工作。这样可以使学生的特长得到发挥，让大学生将自己的风采充分展现出来，也能更好地组织与管理比赛，使比赛有序开展，提高比赛质量。

此外，还要注意对联赛的举办时间进行合理安排，尽可能避免拖得太久，只有在一定时间内集中办赛，才能使比赛的连续性得到保证，使参赛选手保持对比赛的积极性。

（五）注重宣传，完善奖励机制

在比赛前期，赛事策划宣传小组通过多种有效的途径来宣传赛事，渲染比赛氛围，为大学生参加比赛营造良好的环境。在比赛中和比赛结束后，利用校园网、校报等媒体手段对比赛进程进行实况追踪与报道，及时更新赛事信息与结果，使比赛氛围保持得更久一些。另外，宣传比赛还可以采用冠名的方法，在不违反校园规则的前提下张贴宣传横幅和海报等。在校内外广泛传播与扩散和比赛有关的重要信息，使比赛的影响力进一步扩大。

在比赛结束后，应该多颁发一些奖项，包括但不限于奖金、证书等，有时有纪念意义的奖品对参赛选手来说更有吸引力，如网球锻炼卡，球星签名照等。发放奖品是对参赛者的一种鼓励与认可，能够激励他们继续努力，不断提升自己，争取在下一次比赛中取得更好的成绩。

（六）加大市场开发力度，提升比赛效益

高校有关部门应面向社会积极寻求有合作意向的企事业单位，与社会有关组织及企业建立友好合作关系，以解决赛事的资金问题。赛事组织单位应以良好的服务理念、创新理念来提升比赛质量，具体就是通过广告、冠名、奖励等手段来包装比赛，打造特色比赛产品，树立良好的比赛形象，赢得口碑，让赞助商主动投资，提高比赛的社会效益。

总之，要努力举办高质量的大学生网球联赛，鼓励更多的大学生参与网球运动，推动高校网球运动的健康发展与网球文化的持续传承，提高高校网球运动的影响力，最终为我国网球事业的发展作出贡献。

第四节　高校网球竞技文化的传承

一、高校网球竞技文化传承的媒介

在传播学中，媒介被视为中介或中介物，是传播信息符号的物质形式。在讨论文化传播时，我们通常会强调物质的作用，而较少关注物体器件的作用。事实上，现代工业产品包含了最新科学技术的发展成果，并且科技思想和知识是当今文化中最具活力的因素。

（一）球、网球拍以及网球场地

在网球运动中，球、球拍和球场是我们能够直接接触并感知到的实体，也是网球运动文化的物质层面。

体育文化建立在体育物质文化基础上，物质文化的缺乏会阻碍其制度和精神文化的发展。尽管网球、球拍和球场等物品承载了创作者的个人意志，但它们的本质是物质而非精神的。网球作为一项体育运动，已经超越了它最初的普通意义，如今代表着一种高雅的贵族传统，象征着文明和高贵。如果网球器材曾被某位特别人物使用过或在上面有其签名，它将带有历史意义并具备收藏价值。

（二）网球服装

网球运动比较注重个体的作用（单打），为网球运动员提供了一个个性化服装的平台，使个性化网球服装的成为可能，网球服饰丰富了网球运动文化传承的内容。

随着生物力学、仿生学、社会审美文化等学科的不断发展，网球服装的设计也更加科学和个性化。网球服装的设计与科学技术及文化发展之间存在着密切的关联，其设计的不断变化也能很好地反映时代审美的变迁。

网球运动者个性化的运动服装也能更好地表现运动者自身的特点，为场上的观众营造出美的享受。这不仅使网球运动赛事更加丰富多彩，也在一定程度上丰富了网球运动文化传承的内容。

（三）"鹰眼"与测速器

文化增值是文化在质量方面的一种"膨胀"或者放大，是文化的一种创新，是一种文化原有价值或意义在传播过程中生成新的意义与价值的现象。"鹰眼"与测速器实现了网球运动媒介的文化增值。

世界在不断发展与变化，网球文化也在不断发展。通过不断参与网球运动，探索和理解其中的规律和模式，人们在传统的基础上不断发展和加强了这项运动。从本质上讲，体育文化的创新源于体育文化特征与社会文化要素的融合，从而引发体育文化的局部和整体变革。

从辩证的角度看，创新是新事物的诞生，新事物的出现也是事物内部矛盾转化的结果。科技存在于人们生活的各个角落，同时也存在于网球运动的很多方面。在网球运动中，"鹰眼"等现代科技的广泛运用也在一定程度上丰富了网球运动的物质文化。

二、网球运动竞技文化传承的方式

网球运动具有非常深厚的文化底蕴，它不仅保留了古式网球中的很多传统礼仪，还增加了现代网球运动文明的大众性、开放性及服务性特征。网球运动能够很好地传递礼仪，其规则能够培养大学生的规则意识，其运动训练的长期性也有利于大学生个性的完善。

网球竞赛的参与方法多种多样，可以参与校内组织的网球竞赛，也可以参与校际网球联赛。现代网球充分展现了娱乐性、参与性、竞技性和观赏性。总的来说，参与网球比赛是传承网球竞技文化的主要途径。大学生通过参与网球比赛，可以逐渐体会到网球运动带来的好处：一方面，大学生通过参与网球活动，可以增长见识和熟悉各种与网球相关的概念和技巧，加深自己对于网球运动的了解。另一方面，积极参与网球竞赛还有助于大学生的社会化与道德修养的发展。

三、网球运动竞技文化传承的规范

在网球运动的制度方面，网球运动的竞赛方法与规则从制度上对网球竞技文化的传承进行了规范。

网球比赛的竞赛制度有利于保证比赛质量，并对比赛项目、时长等方面进行了详尽安排。根据竞赛制度科学地制订训练计划，可以激发运动员的潜力。科学、稳定的网球运动竞赛制度是网球运动获得更好发展的重要保证，这不仅能够展现网球运动公平、公正的竞赛风格，还能够使网球运动更有魅力。

第四章　校园网球运动文化解读

本章为校园网球运动文化解读，依次介绍了高校网球运动文化发展现状、大学生网球文化观念与素养培养、校园网球运动文化体系构成、校园网球运动文化传承与发展四个方面的内容。

第一节　高校网球运动文化发展现状

一、校园网球文化的发展

（一）高校网球运动的开展

根据资料记载，在 1885 年左右，网球在中国开始流行，并成为上海、广州等大城市的商人和传教士们之间的一种悠闲消遣活动。1989 年，上海圣约翰学院举办了"斯坦豪斯杯"，这一比赛标志着中国校园网球赛事的起步。随后，北京、南京、广州、香港等地的多所大学相继在校园内组织了网球比赛，这对中国大学网球运动的进步和普及起到了促进作用。直到

1990 年前后，以李娜为代表的"中国网球金花"以其出色的表现在各大比赛中崭露头角，促进了中国网球运动的发展和普及。很多大学开始兴建网球场地、提供网球课程，进一步促进了大学校园内网球活动的普及。

（二）大网协的成立与发展

1994 年，中国大学生体育协会网球分会（简称中国大网协，CUTA）成立，在浙江大学举办了首届全国大学生网球锦标赛，这为广大大学生提供了独特的竞技平台。

CUTA 从最初的仅是组织网球竞技赛事，到网球竞赛与网球教学、训练齐发展；从单一的网球技术科研报告会，到众多校领导参与的网球文化论坛；从仅有大学生参加的全国赛事，到大学生与众多校领导共同参与的全国赛事；从最初的 20 所会员单位学校，发展到 2017 年的 230 多个会员单位学校；从最初松散单一的竞赛组织，发展成一个严谨、规范且具有活力、凝聚力、影响力巨大的群众性体育组织。

中国大网协标志 Logo，由 5 个网球和一个网球拍组成，颜色为绿色，整个造型为一棵硕果累累的大树，如图 4-1-1 所示。

图 4-1-1　中国大网协标志 Logo

中国大网协的组织标志 Logo 其含义可概括为：

（1）Logo 为绿色，绿色代表生命和环保。象征大网协朝气蓬勃，可持续发展。

（2）Logo 的整体图案寓意大网协像一棵枝繁叶茂的大树，果实累累。

（3）网球拍像一棵绿色的大树，象征着大网球协会提供了一个公开、公平、竞争的平台，让大网协更快、更高、更健康地持续发展。

（4）图案以五个网球环环相扣，代表着大学生的朝气与活力，代表来自全国各个地方的大学生网球运动员的交汇。

（5）Logo 图案中的五环代表奥运精神，象征大网协带领全体会员单位成员走向世界，进行网球比赛与网球文化的交流。

1994 年，浙江大学担任第一届中国大学生体育协会网球分会主席单位，承办了第一届全国大学生"天龙杯"网球锦标赛。1998 年，浙江大学还成功地举办了第一届亚洲大学生网球邀请赛暨第四届"天龙杯"全国大学生网球锦标赛，来自亚洲 8 个国家和 20 多所国内外高校大学生参加了本届比赛。

中国大学生网球锦标赛是中国大学生体育协会规模最大、规格最高的年度赛事。历经几十年发展，已成为中国大学生体育协会旗下规模最大、参与人数最多、参与学校最广的国家级体育赛事。2023 年，中国成功举办了第 26 届大学生网球锦标赛。

二、高校网球运动的现状

（一）高校网球运动场地设施状况

1. 场地数量及投资情况

在高校网球比赛和训练中，网球场、运动器材和网球辅助墙等设备都是必需的，拥有优质的网球器材和场地设施是保障高校网球运动顺利开展的关键。高校网球教学和组织方式会受到高校网球场地数量和质量及网球器材情况的直接影响，所以说，场地与器材会对高校网球运动的开展产生影响。

现阶段，随着我国各高校招生力度的不断加大，招生数量越来越多，为了更好地应对教学需求，高校在基础设施方面不断进行扩建，如宿舍楼、教学楼等。这就造成了高校可用空间正在不断减少，而修建相应的网球运动场地需要占用一定的面积，并且也需要较大的资金投入，这些都给网球运动场地的建设带来了困难。总体来说，我国高校的网球场地较为缺乏，没有得到充分的建设，高校大学生网球学习的基本需要难以得到满足。只有在规范、标准的场地上开展网球运动，才能将网球运动所具有的魅力真正展现出来，而网球运动场地的缺乏严重制约了我国高校网球运动的开展。由于缺少足够的网球运动场地，很多高校的网球运动教学课程很难得以顺利开展，或者在网球课程安排方面比较少。通过调查我国高校网球教师对网球运动投资满意度得知，对高校网球运动投资现状非常满意的高校教师只有小部分的比例。高校在网球课程方面的投资力度比较小，很难保障高校网球教学的基本场地条件，也很难充分调动起教师与学生参与网球运动的积极性和热情。

高校的领导层和管理层也没有对网球运动的开展给予高度的重视和关注，而高校网球运动的开展需要领导的大力支持才能有效开展起来。

2. 场地材料状况

在我国高校网球场地中，常见网球场地的主要材料是塑胶与人造草，相比之下，硬地网球场更有利于开展网球运动。由于我国高校在网球场地建设方面比较落后，在发展高水平网球运动方面，以塑胶或人造草作为主要材料的网球场地是不利的，所以场地质量制约了我国高校网球运动的开展。所以，学校领导要增加投资力度，在场地材料方面要选用有利于促进网球运动发展的材料，要根据网球运动开展的不同需要有针对性地对各个层次的场地进行建设，从而满足不同学生对网球运动场地的需求。《普通高等学校本科教学工作水平评估方案（试行）》中有关于高校体育场馆设施配备的相关规定，如表 4-1-1 所示。

表 4-1-1　普通高等学校体育场馆设施配备

在校学生数	网球场地要求
两万人以上规模的学校	80%为塑胶
一万到两万人规模的学校	全部进行硬化，50%为塑胶
小于或等于一万人规模的学校	全部进行硬化和绿化，至少一片为塑胶地面

从表 4-1-1 可知，无论在网球场地数量，还是在网球场地质量方面，现实状况都很难满足我国当前高校网球运动开展的需要。高校网球运动场地的材料，绿化和硬化情况都不能满足其相关规定。因此，这一问题必须引起高校领导的重视，进一步加强建设合格的网球运动场地，以更好地推动高校网球运动的开展。

（二）高校网球运动场地使用情况

1. 网球场地在教学中的使用

经过调查，我国高校网球运动场地主要用于网球教学与网球训练，有时也会用于举办网球竞赛、教师活动。分析这一调查结果可知，从网球运动整体运动现状来看，我国高校对网球运动场地的运用是比较令人满意的。大多数时间都是用在了网球运动教学与学生的网球运动训练方面，教师活动与举办比赛也对网球运动场地加以合理利用，通过面向外界开放，能够获得相应的利润，通过增加收入能够更好地维护网球运动场地。由此可见，高校网球运动场地得到了更为高效的利用。

2. 网球场地的经营开放状况

我国高校在经营网球场地方面的现状并不乐观，很多高校经营状况一般，能够较好经营的学校所占比例很小。高校需要进一步提高网球运动场地的经营效率，积极改善目前的经营现状，不断寻求正确的经营模式，从而促进以场地养场地良性循环的形成。

在网球场地使用方面，网球运动教学和运动训练所占据的时间最长，除此以外，课余时间学生参与网球活动也会使用网球场地。根据调研，有很多高校开始将网球运动场地免费向学生开放，以使学生能够在课余时间参与网球训练。有一些高校在面向学生开放网球场地方面采用分时间段的方式，还有一些高校采用收费的方式。从总体上来看，高校在课余时间面向学生开放网球场地的情况是比较好的，在课余时间学生能够顺利进入到网球场地进行网球技术技能的训练，促进了学生网球运动技能的提高。但由于一些高校在收费方面相对较高，超出了学生的承受能力，这就大大降低了学生学习网球的积极性。这需要高校给予充分的关注和重视，并制定出有针对性的、合理的收费方案，以解决此问题。

3. 高校网球运动辅助墙建设情况

网球辅助墙相当于一个不会发声的网球教师，学生对着网球辅助墙发球，辅助墙就会将其发过来的球一一击回，并能够对学生击球的速度、力度进行良好的训练。只有精准判断每个球的落点，并把握好每次将球击回时的速度、力度和角度，才能在适当的时机成功将球击回，实现连续多回合抽击，帮助学生提高控球能力，提高他们在网球运动技能方面的水平。

我国大多数高校对网球辅助墙进行了修建，但也有一部分高校没有重视修建网球辅助墙的重要性。一些高校以网球辅助墙不美观、与运动场地不协调、影响整体视觉为由而搁置修建。各高校还是要重视辅助墙的作用，并加强对它的建设和利用程度。

（三）高校网球运动师资队伍建设情况

1. 高校网球教师性别比例现状

网球运动是高校中的一个新型的体育运动项目，开展的时间相对较短。是否具备充足的网球运动师资力量会直接影响网球运动在高校中的开展和发展，甚至从某种程度上来说，这种影响是决定性的。根据有关我国高校网球教学师资的调查发现，大多数网球教师都是男教师，仅仅只有一小部分是女教师。

2. 高校网球教师配备现状

通过对我国高校网球教师的配置现状可知，在网球教师方面，大多数高校都只配备了 3～4 位，一些高校配备了 4～5 位网球老师，网球教师在 5 位以上的高校很少，这也说明了我国高校网球教师在数量方面存在不足。

第二节　大学生网球文化观念与素养培养

一、影响大学生网球文化观念与素养的因素

（一）学校忽视了网球运动知识的传授

高校在网球教学工作中未能充分认识到网球运动知识教育的重要性，在课时安排和课程设计上存在一定欠缺。教学内容过多侧重于目标、原则和任务，缺乏具体、有效和长远的指导。因此，所传授的知识对于大学生适应现代社会发展缺乏一定的实际应用价值，并且还未形成完整的适用于现代社会的网球运动理论知识体系。在进行网球训练时，大学生通常只知道技能，但不了解技能的重要性及训练对身体的好处。由于缺乏这些知识，他们很难有动力自己进行额外的练习。

（二）学校缺乏对大学生网球兴趣的培养

在现代高校网球运动实践中，过于注重大学生的现实锻炼，只是将目光放在了对网球运动教学短期效益的追求方面，把教育目标单纯地归结为提高大学生在校期间的身体素质，却未能全面考虑培养学生对网球运动的热爱和兴趣、独立进行网球锻炼的能力，同时也忽视了他们运动意识的塑造以及良好运动习惯的养成。

（三）在设置网球教学内容方面缺乏科学性

在现阶段的高校体育课程中，健身性和实效性球类运动技术教学的教材体系仍占主导地位。教材主要是对网球运动技艺的传习进行强调的教学，在选择教材方面，主要侧重于网球运动技术层面，重视网球运动的外在表现形式，大多数的网球活动都缺乏使学生终身受益的内容，不能满足学生成年之后对运动的需求，这就造成大学生在毕业之后，参与网球运动锻炼的习惯也随之消失。

（四）考核内容和形式都比较单一

在高校球类运动项目教学中，通过考试所检测的内容大都与学生先天性因素发挥主要作用的内容有关，没有充分重视学生的个体化差异，这就大大限制了一些学生参与球类运动项目的积极性。需要注意的是，学生参与球类运动教育并不是刻意追求更高、更快、更强，而是通过网球运动来不断提高自身的健康水平，增强体质。在开展网球运动教学过程以及对网球运动教学效果进行评价时，教师如果仅采用"时间、远度、高度"等统一指标，就会造成很多学生很难达到考试的要求。

由于高校没有对教学内容和课程体系进行创新，对于这样的大学体育教育，大学生虽然不得不接受，但并不太满意。

二、大学生网球运动文化素养的培养途径

网球运动文化素养涵盖了高校学生在网球运动中展现的精神风貌、道德品质和技能水平的综合体现，其内容主要分为六个方面，表现在物质、精神和社会三个层面上。网球运动文化素养的形成不是一蹴而就的，是一个涉及多方面因素的综合性过程。因此，培养大学生网球运动文化素养是一个非常艰巨的工程。

（一）转变教育观念

对于学校网球运动来说，其教学目标是培养学生网球文化素养，而不是仅强调提升学生身体素质，虽然二者有联系但有着明显的区别。在网球运动教学中，我们曾一度将提升学生身体素质作为直接目标，然而，这种短期目标导向的教学方式忽略了学生体质提升的长远效应及球类运动的终身性。这种偏离了正确方向的教学方法，必然会导致学生在完成学业、走上工作岗位之后，对其失去兴趣，逐渐疏远网球运动。过于追求短期效果反而可能达不到预期的长远目标，最终可能导致"事与愿违"的结果。相比而言，如果以培养学生网球运动文化素养为最终教学目标，那提升学生的体质就会变成一项长期的甚至终身性的任务。以此为宗旨的网球教学更加注重培养学生的网球运动习惯、技能和意识，并在教育过程中充分关注学生的生理发展、心理健康和社会融入等关键要素。通过这样全面而细致的教学安排，更容易取得令人满意的教学成果。

鉴于此，高校网球教学亟须实现观念上的转变与升级。我们必须从社会和心理两个层面出发，精心筛选和确定适合大学生的教学内容，引导他们树立正确的、全面的、多维度的体育观念，摒弃过于狭隘的生物体育观念。现代教育理念着重强调全面培养人的意志品质、情感态度、身体素质、道德品质、思想观念及行为习惯等，以实现人的全面发展和最高生活价值为根本目标。因此，高校网球教学必须实现从"育体"向"育人"的战略

性转变，从过去片面追求外在技术水平和身体素质向追求身体全面协调发展的方向转变。我们必须构建一套全新的教学体系，为大学生终身从事球类运动奠定坚实的基础，以适应新时代的发展需要。高校通过转变网球运动教学思想，能够使网球运动教学的内涵得以拓宽，从而从生命性、社会性和未来性三个方面来体现网球运动教学的最终价值。

生命性在球类运动教学中具有重要地位，它要求教育工作者高度重视并充分尊重每一个学生个体生命的全面发展价值。球类运动教学不仅是传授技能和锻炼身体的过程，更是一项提升生命价值、促进学生全面发展的重要事业。当前，"健康第一"理念日益深入人心，在网球运动教学方面，各大高校应切实肩负起促进学生生命健康发展的崇高责任，为推动体育教育事业发展贡献力量。社会性是指在球类运动教学中要将塑造个人品格和促进社会融合纳入重要考量。未来性意味着通过网球运动教学将持续体育教育理念融入其中，需要注重追求长期目标，以使大学生能够在网球运动中终身受益。

（二）改革课堂教学

网球课程的设计模式可大致分为两大类别：一是基础课模块，一是选修课模块。基础课程强调的是通过网球运动全面促进体能发展，其教学组织策略着重于基础训练；选修课程则是在学生完成基本体能训练的前提下，允许他们依据个人兴趣、专长及课程提供的选择范围，参考指导老师的意见，自主挑选喜爱的球类运动项目。这样的教学旨在让学生深入了解并掌握特定运动项目的科学锻炼知识和技术，同时激发其锻炼热情，培养其健康的生活习惯，并提升他们自我身体素质评估的能力。然而，基础课程的普遍开展可能导致大学生对球类运动课程的参与度受限，使得大学课堂缺乏新颖性，并且很难有区别于中小学体育课程的独特体验。实际上，人们通常并非为了单纯提升某项运动技能而去刻意锻炼身体素质，而是在学习技能的过程中自然地提升了体能。现代教育的本质在于个性化和创新，即鼓励个体发掘自身潜力并进行创造性的发展。

（三）改革课外网球活动

深化课外网球活动改革的首要任务在于清晰界定其性质与定位。课外网球活动并非孤立的行为，它既是网球运动课程的自然延续，更是其不可或缺的有效补充。它需具备明确的目标导向，并非仅仅依赖于发放设备或规定活动时间。课外活动不仅可以促使学生将课堂上学到的理论和技巧付诸实践，同时还可以激发他们体验运动的乐趣，并与培养他们的健康运动习惯相结合。总的来说，设计课外网球活动应全面考量学生的心理、生理、社会以及教育需求。此外，我们还应认识到，这些活动并非仅仅是高校网球课程的附加部分，而是教育路径中的重要一环，承载着体育文化和教育价值的传递使命。因此，在规划课外网球活动时，其具备的教育性是不容忽视的。

另外，课外网球活动的呈现方式具有极高的灵活性。它既可能以专业俱乐部的形式运营，也可能由学生们自发组织的体育团队主导，诸如各类体育联合会或社团团体等。此外，还可以举办专门的体育知识研讨会，这样可以深化人们对这项运动的理解。鉴于网球运动本身的多彩魅力，相应的活动形式也应该包罗万象，充满活力。在设计这些活动时，高校务必确保它们与学生的未来职业规划和个人兴趣生活紧密相连，实现教育与实践的无缝对接。

（四）加强校园体育文化环境建设

网球运动文化素养的形成与提升受到各个方面因素的影响，网球运动知识与技能既需要持续学习，也需要在实践中不断磨砺与提升，经过长期的熏陶与积淀，最终才能实现价值观念和思想认识的转变与升华。文化环境对于培养大学生的网球运动意识以及构建其网球运动价值观具有举足轻重的影响，它是形成积极运动态度和价值观的重要基础。

文化环境是大学生健全人格的培养中必不可少的组成部分，它使大学生在一种特定的文化氛围中受到影响，这种影响是潜移默化的，起着激励、陶冶等作用。各大学可以采取创新策略，在校园内的各类运动场所如球场、训练区植入定制化的运动知识展示，如标识板上不仅列出各个球类运动的中英文名称，还详尽解说其历史背景、基本规则、关键技巧、安全注意事项以及参与运动对健康的影响。体育馆入口处的设计更应别具匠心，两侧可以精心设计健身长廊，宣传运动健身的深远影响，如身心健康的益处、科学饮食的重要性、热身活动的必要性及针对不同年龄段的体能指标参考。此外，墙壁上还可增设鼓舞人心的体育名人名言，激发学生的运动热情和培养学生的自律精神。

第三节　校园网球运动文化体系构成

一、校园网球文化体系的界定

校园网球文化，作为校园体育文化不可或缺的一环，与其母体同属于文化系列的范畴。它在继承体育文化共性的同时，也独具特色，彰显着自身独特的个性魅力。

高校校园网球文化的层次结构可划分为四个层级：物质文化层、制度文化层、行为文化层、精神文化层。

第一，校园物质文化以实物形态体现，主要指学校的建筑、生活设施、校园教学环境、自然生态环境等，针对校园体育物质文化，主要包括体育建筑、运动设施、运动器材、体育雕塑、体育标语、体育图书音像资料。校园网球的物质文化，作为网球文化建设的基石，为网球活动的顺畅进行提供了坚实的物质支撑与展现形式。这种文化不仅构建了网球运动所需的物质基础，更通过其独特的物质表现形式，展现了校园网球文化的独特魅力与核心价值。大学师生在网球活动中产生的物质产品，充分展现了校园网球物质文化的深厚底蕴。这些物质成果涵盖了网球场地、器材设施，专业化的师资队伍，以及文化宣传媒介和理论书籍等方方面面，这些都是校园网球物质文化的生动体现。这些具体表现不仅彰显了校园网球文化的独特魅力，也为师生的网球活动提供了坚实的物质基础。

第二，校园制度文化，主要指以文字形态表达的学校规章制度，以及固有的体育体制所体现的文化，如学校制订的体育章程、条例、规定、办法、公约、传统等实施细则。校园网球制度文化是指大学师生在进行网球活动时所遵守的行为规范和社会准则，以及相关的活动组织与管理工作和规章制度。具体包括校园网球组织，如网球协会、网球俱乐部的管理制度，校园网球奖惩制度，校园网球传统如定期的网球比赛制度，校园网球运动队选拔、培养和管理制度等。校园网球制度文化是促进校园网球相关活动开展的重要支持条件。

第三，校园行为文化，包括校内人们的日常言行和开展的教学性活动、学术性活动、各种健身活动、各种娱乐性活动、体育消费、体育实践和空间利用。具体到校园网球行为文化，指的是大学生参与网球活动的方式和习惯，具体包括网球教学活动、课余锻炼活动、社团建设、校园网球竞赛活动、网球消费行为等。

第四，校园精神文化，多数学者认为其主要指影响全体师生员工的思想、理想、信仰、意志、态度、情感及行为，在体育领域形成的体育观念、体育风尚、体育精神。具体到校园网球精神文化，主要是指在大学生进行网球活动时，所展现出的积极向上的精神风貌和深厚的文化素养，而这种精神风貌和文化素养会受到学生认知、观念、意识、动机的影响。

二、校园网球文化体系的构成

物质文化、制度文化、行为文化、精神文化这四个层面划分基本包含了校园网球文化的全部内容。这四个层面相互交织、彼此影响、深度融合，共同构筑了校园网球文化的完整体系，推动校园网球文化的蓬勃发展，对于丰富校园文化内涵、提升校园文化品质具有深远影响。具体而言，物质文化是校园网球文化最直接的外在表现，它构成了其他文化存在的基础和发展的先决条件。制度文化与行为文化则位于中间层次，它们具体体现了校园网球文化的实质内容，是规范与实践的融合。而精神文化作为校园网球文化的核心灵魂，不仅是对物质、制度、行为文化的提炼与升华，更是这些文化层次的灵魂所在。精神文化在依托其他三个文化层次的基础上，反哺并引领着它们的发展方向。在校园网球文化中，精神文化深刻反映了校园网球文化的精神风貌与核心价值（见图 4-3-1）。

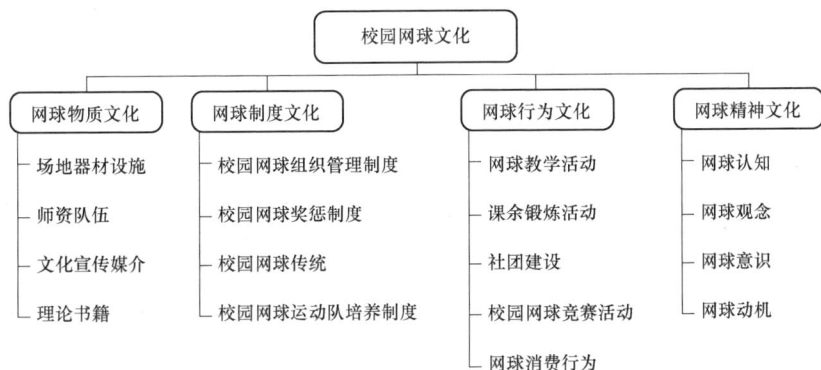

图 4-3-1 校园网球文化体系图

（一）校园网球物质文化

高校网球物质文化，主要指在高校网球运动的发展历程中，所形成的各类物质形态，其中，网球场地和器材设施是进行校园网球活动必不可少的硬件，而宣传媒介中的网球活动口号、海报、网球教材书籍等，也对高校网球文化发挥着关键作用。这些实物深刻反映了高校师生在网球领域的智慧结晶和深入思考，充分彰显了他们的专业素养和实践能力，体现了高校师生对网球运动的热爱与执着追求。高校网球活动的开展和组织受到校园网球场地数量、质量、器材和环境等因素的直接影响。而相对于社会上网球运动的物质条件，我国高校在场地规模和设施条件上均展现出显著的优势。这不仅体现在场地的数量和质量上，更体现在设施配备和维护管理等方面。这种优势不仅为师生提供了更好的运动环境，也为推动网球运动在高校的发展奠定了坚实基础。

1. 场地器材设施

（1）网球场地

一片标准网球场地的占地面积不小于 670 平方米（长 36.60 米×宽 18.30 米），这一尺寸也是一片标准网球场地四周围挡网或室内建筑内墙面的净尺寸。网球场地分为单打场地和双打场地，在这个面积内，有效单打场地的长为 23.77 米，宽为 8.23 米；有效双打场地的长为 23.77 米，宽为 10.97 米，在每条端线后应留有余地不小于 6.40 米，在每条边线外应留有余地不小于 3.66 米。在球场安装网柱，两柱中心测量，柱间距是 12.80 米，网柱顶端距地面是 1.07 米。主流的网球场地地面为弹性丙烯酸场地，无障碍物。网球场地地面塑胶、人造草和木地板等。不论是采用木板地面还是合成材料地面，都必须保证运动员在比赛中不会感到太滑或太黏，并有一定的弹性。但要注意地面平整，以防出现伤害事故（见图 4-3-2）。

图 4-3-2　网球场

网球场按照场地环境可分为室外球场和室内球场两大类，并具备多样化的场地表面。球场表面的材质选择受多种因素制约，其中经济条件是决定性因素之一。

第一种是草地场。草地球场是最传统的一种场地类型，它的特点在于其独特的表面材质有效降低了球落地时与地面的摩擦力，从而显著提升了球的反弹速度，这对运动员的反应速度、灵活性、跑动速度和技术都提出了更高的要求。所以，草地网球场历来被视为是进攻性网球的圣地，其中发球上网、随球上网等强攻战术的运用，基本上成为在此场地取得胜利的不二法门。相对而言，擅长底线对抗的球员往往很难在草地网球场上展示出自己的优势。然而，草地球场对草种特质和规格有严格的要求，并且受到气候条件的制约，加上保养与维护耗资巨大，这些实际问题都限制了其在全球范围内的应用和发展。就目前来看，草地职业网球赛事的数量较为有限，且绝大多数均集中在六、七月份的英伦三岛举办，其中温布尔登锦标赛是最古老和最知名的比赛之一。

第二种是红土场。红土场更专业的表述为"软性球场"，法国网球公开赛便是著名的红土赛事。此外，常见的各种沙地、泥地等都可被归类为软性场地。这类场地的显著特征是球与地面接触时产生较大摩擦力，使得球速相对较慢。球员在场上移动时，特别是在进行快速急停和转向时，能够拥有更充裕的调整余地和稳定的空间。这一场地特性要求球员拥有较高的灵活性和适应性，以应对球速变化和快速变向的需求，同时还需具备卓越的体能和顽强拼搏、不屈不挠的意志。在软性场地上进行比赛，这对球员的底线相持能力提出了极高的要求，球员通常需要在底线与对手较量，需要付出大量的汗水和耐心。因此，同草地场不同的是，取得胜利的往往是那些在场地底线顽强拼搏的选手，而不是那些发球上网战术凶猛的选手。

第三种是硬地场。硬地场作为最常见的网球场地类型，广泛应用于现代网球比赛中，成为主流选择。硬地网球场通常由水泥或沥青铺就而成，采用红色和绿色相间的塑胶面层，经过专业铺设，表面呈现出极致的平整度和坚固的硬度。这种特殊的场地特性使得球在弹跳时呈现出极为规律的运动轨迹，也正因为其硬质的特性，球的反弹速度异常迅速，这对球员的反应速度和技巧提出了极高的要求。很多出色的网球选手认为，在网球比赛中，硬地球场的特点更适合爆发力强的比赛风格，并且硬地球场在比赛中占据着主导地位，因此应该特别重视。必须指出的是，硬地球场相较于其他类型的场地，其弹性较差，地表会产生强烈且僵硬的反作用力。这一特点使得球员在比赛中容易受伤，严重的还会给选手带来无法弥补的伤害。因此，要加强对硬地网球场的维护和改造，并采取切实有效的措施，确保球员在比赛中的安全与健康。

第四种是地毯场。地毯场是一种可以像地毯一样卷起来的便携式的网球场。其表层构造多样，涵盖塑胶及尼龙编织等多种材质，为确保稳固性，通常使用特定胶水将其粘贴在具备足够强度与硬度的沥青、水泥或混凝土等基质之上，有些也可以直接铺设或粘贴在任何坚固的表面上。地毯场可以方便地卷起并进行运输，且具有广泛的应用范围，可在室内、室外甚至屋顶使用，球的速度取决于球场的平整程度和球场上地毯的粗糙程度。在维护方面，地毯场地同样表现出极高的便捷性。仅需确保地面的整洁，防止其受到破损，并确保不出现积水现象，即可实现有效的场地保养。

（2）球拍和球

网球拍通常由三个主要部分组成：拍面、拍杆和握把。拍面上覆盖着一层网线，这是用来击打网球的关键部分。拍杆通常由轻但坚固的材料制成，如碳纤维、铝合金或者玻璃纤维。

拍面是网球拍上面积最大的部分，也是用来击打网球的地方，较大的拍面有助于增加击打的稳定性和容错性。线网是覆盖在拍面上的网线，它们通过拍面上的孔穿过并连接到拍杆。线网的张力可以根据球员的击球风格进行调整，张力的高低会影响球的弹道和控制性能。握把是球员用手握住拍子的部分，通常由橡胶或其他吸湿材料制成，以提供更好的握持。握把的形状和大小因球员的个人喜好而异，有直握和倾斜握把两种主要类型。

国际网联规定：标准网球用球为白色或黄色，外表毛质均匀，没有缝线。球的直径是 6.35～6.67 厘米，重量为 56.7～58.5 克。球的弹力为：从

2.54 米的高度自由下落时,首次弹跳能在混凝土地面上弹起 1.35～1.47 米。气温 20 ℃时,如果在球上加压 8.165 千克,球应下陷 0.56～0.74 厘米。有的网球厂家在性能指标上写的弹性为 140 厘米就是指 2.54 米下落时的弹起高度（见图 4-3-3）。

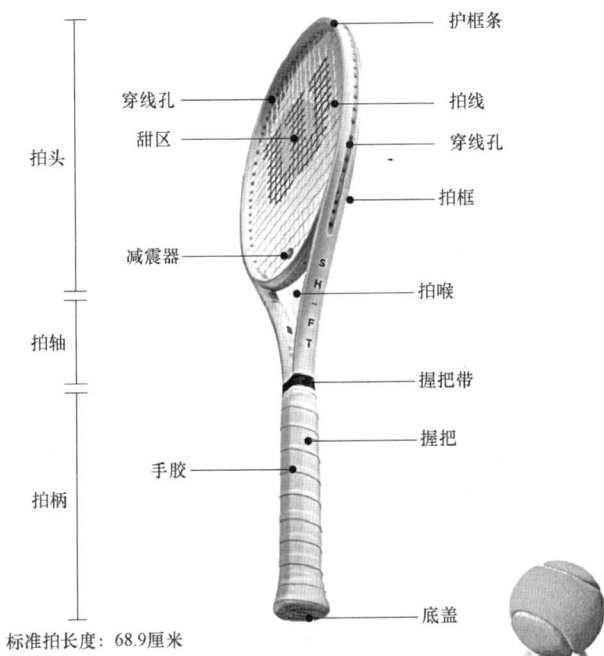

图 4-3-3　球拍和球

2. 师资队伍

高校网球教师在网球教学实践中扮演着组织者和指导者这两个重要的角色。在他们的指导下,学生能够系统学习网球的基本知识和技能,了解网球运动的特点和规律,培养自己的运动能力。为了保证良好的网球教学效果,网球教师应有扎实的网球理论功底、精湛的教学实践能力和高效的训练指导方法,以全面发挥其在网球教学中的主导作用和示范作用,推动学生网球水平的持续提升。

3. 文化宣传媒介

大学生对网球的了解和体验还处于起步阶段，也正是这种初级阶段的参与状态，为大学生的网球运动培养提供了广阔的空间和可能性。校园网球设施多样，能够给师生带来极佳的感官体验，潜移默化地激发他们参与网球运动的积极性，促进学生和教师更直接地投入到这项活动中。网球文化的推广主要通过在网球场周围的墙上展示网球明星的海报、运动动漫图及运动标语来实现。

在当下信息科技高度发达的时代，网络的普及程度也在不断提升。因此，目前许多学校更倾向于利用网络进行校园宣传，特别是社团宣传。如设立校园学生网球群、微博账号等线上交流平台，以及创设专门服务于本校网球运动的微信公众号等线上交流渠道，为学生提供一个便捷的信息获取与互动交流平台，以便他们更好地了解校园网球动态，促进彼此间的沟通与合作。

4. 理论书籍

大学网球教学资料、书籍和多媒体资料是构成校园网球物质文化的重要元素。网球课程教材及网球相关图书、音频、视频资料都是大学生学习网球知识的重要渠道，是校园网球文化不可或缺的一部分。利用多样化的资源，能够帮助大学生全面、深入地掌握网球的理论知识，明晰网球运动的发展趋势，以促进其专业素养的提升和实践能力的增强。

现如今，大学生主要通过听课和上网来学习网球技能、相关理论知识和获取网球资讯。尽管网络为我们提供了便捷的信息获取渠道，但网络上的网球知识仍显得零散且不成体系，在专业程度上还是无法与专业的网球教材和书籍相提并论。所以，高校网球教材和理论书籍是必不可少的资源。通过课堂上的教材学习、专业书籍的深入研读、网络资讯的广泛涉猎等，学生能全面地掌握网球技能、知识，进一步了解网球比赛的裁判规则，同时也对网球运动的礼仪和文化有更深刻的认识。深入实施理论与实践相结合的教学模式，以促进学生全面理解网球运动的内涵与外延，提升其对网球比赛的鉴赏能力，并激发其参与网球运动的热情，这对于推动校园网球文化的建设与发展具有重要意义。

（二）校园网球制度文化

校园网球制度是确保校园网球相关活动规范、有序开展的重要机制。校园网球制度涵盖了组织管理制度、奖惩制度、校园网球传统及运动队培养制度等多个层面。这些制度的健全与实施，对于提升校园网球文化建设的实际效果具有极其重要的意义，也是确保大学生网球教育多样性与运动参与规范性的核心所在，并且能够激发网球教育活动的生机与活力，推动校园网球特色传统的培育与传承。同时，不断完善和优化网球制度文化，对于提升网球文化建设的整体质量、推动校园文化的繁荣发展具有深远意义。

1. 校园网球组织管理制度

校园网球组织管理制度是指校园网球协会、校园网球俱乐部、社团等组织的管理制度。

2. 校园网球奖惩制度

校园网球奖惩制度涵盖了网球教师奖励政策、科学研究鼓励措施及学生奖励措施。就目前来看，这种校园网球奖惩制度在不同高校间是有差异的，并且不是所有高校都具备。有些高校在校园网球文化建设中忽视了奖惩制度的作用，这不利于激发学生参与网球运动的热情，也不利于调动教师网球教学工作的积极性。给予教师适当的奖励，是对其辛勤工作成果的肯定，这不仅能够充分激发教师的创新潜能，更是对教师专业能力的认可与鼓励，进而增强他们的自豪感和责任感，以实现教师的最大潜能。

3. 校园网球传统

传统也可称为传承，而校园网球传统正是一所学校经由长期、持续的校园主体网球活动，所形成并传承下来的一种独特的网球行为模式。这种以集体为表现形式的网球活动，不仅具有普遍性、重复性和稳定性的显著特征，更在校园文化的熏陶下，演变成一种流行的、稳定的校园网球风尚。高校是否有网球传统对校园网球制度文化建设有重要影响，定期举办的网球赛事、协会活动以及网球知识讲座均是校园网球传统的重要组成部分。

（三）校园网球行为文化

网球的行为文化是网球文化的又一重要内容，在校大学生和教师是其行为主体，网球课程、课余锻炼活动、网球社团活动、校园网球竞赛活动及网球消费行为是其主要表现形式。

1. 网球课程

（1）网球理论课

构建校园网球运动理论课的基本思路就是向学生传授网球运动文化知识及相关的卫生保健知识等。通过学习网球运动基础原理和基本知识，学生能够更为深刻地理解网球运动给国家、社会及自身所带来的影响，从而以更为积极的态度参与到网球运动之中。通过对卫生保健知识的学习，学生能够更清楚地认识到健康的重要性及维持身体健康所需要的环境，进而更主动学习相关的基础保健方法和保健手段，同时也不断增强保持健康、爱护环境的意识。在网球理论课教学中，教师向学生传授此类理论知识要尽可能地联系学生在实际生活中所遇到的一些问题。此外，在进行网球理论课建设的过程中，选择和传授这些教学内容时要注意系统性，注意联系当前时代发展趋势，要避免完全按照课本内容进行毫无目的的复述。针对那些有益于学生的网球运动内容等教学内容，教师要进行甄选和组织，从而为今后的网球运动教学实践奠定良好的基础。

（2）网球实践课

网球课既包括理论课，也包括网球实践课，就是通常所说的在网球运动场馆或场地组织学生参与网球活动的课堂教育。促使学生在网球活动中掌握相应的网球基本技能和方法，并在实践学习的过程中对所学的理论知识加以运用来为实践提供指导，这是开展网球实践课的主要目的。网球运动实践课的建设途径是实际开展网球运动教学，这就要求在具体的网球运动教学过程中，教师要慎重地选择网球运动实践教学内容，校园网球运动的实践教学内容如下。

网球运动属于球类运动，通过向学生传授网球运动基本知识和技能，可以使学生对网球运动形成一个大体认识，认识网球运动的基本特征，并对网球运动的基本技战术技能进行有效掌握，从而在比赛实践中更好地发挥出自身所具备的技战术能力。球类运动项目在技战术方面具有较大的难度，并且各个技战术之间或组织技战术之间存在着非常密切的联系，网球运动也不例外。这就使得在筛选适合学生学习的技战术教学内容方面存在着一定的难度，因为舍弃哪一项技术都是不合理的。如果只是将网球运动中的一项技战术作为教学内容，就很难通过教学将网球运动的本质体现出来，在比赛场上学生也无法获得好的成绩。但如果将所有的网球技战术作为教学内容，那么要想传授这些教学内容就需要一个非常长的过程，仅一个学期是无法完成的。因此，在组织网球运动教学课程时，必须进行系统、全面的分析，有侧重的考虑，并将网球运动技战术教学和教学比赛尽可能结合起来。

2. 课余锻炼活动

（1）课余网球训练

课余网球训练是指为了能够更好地促进具有良好网球运动天赋或运动特长的学生的体能水平和心理素质的快速发展，促进其网球运动技术和战术水平的提高，通过在课余时间开展的以代表队、运动队、俱乐部为主要形式对学生进行更为系统、全面、深刻的培养和训练的教育活动。为我国培养优秀的网球运动后备人才，是开展课余网球训练活动的一个非常重要的目的。课余体育训练作为我国学校体育的重要内容，是学校贯彻"普及与提高"要求的重要内容，针对"开展多种形式的课余体育训练"在我国《学校体育工作条例》中进行了非常明确的规定。

课余网球训练是指将具有网球运动特长或运动天赋的学生作为训练对象，通过对其进行加强训练，来促使这些学生对网球认知的提高，使其更好地掌握网球运动专项技战术和非专项技术知识，从而促使学生在技术、战术、心理、身体和智能方面的能力都能够得到全面发展和提高。课余网球训练对学生能够产生积极的影响，这主要表现在：促进学生身体生长发育、促进学生各项身体素质得到全面提高、促进学生各项生理系统功能得到改善、培养学生顽强的意志品质，并促使学生养成良好的道德风尚。为了学生在将来能够适应专业运动队训练，需要对学生的心理、身体、技战术、思想等方面进行强化训练。开展课余网球运动训练，既能够为我国网球事业输送更多的优秀人才，也能够为我国群体体育的开展和发展培养更多的优秀骨干，这些都是学校组织开展课余网球运动训练的意义之所在。

① 课余网球训练要将促进学生身体素质全面发展和提高学生运动技能水平作为主要内容。对于学生来说，青少年阶段是其生长发育的最佳时期，在这一阶段内，通过对学生加强训练，能够很好地促进学生生长发育，促进其生理系统功能的改善和提高，并提高他们的运动能力和运动素质。

② 课余网球训练是学校培养高素质网球人才的关键性补充措施。通过课余网球运动训练活动的开展，学生能够更好地掌握网球运动的基本知识和基本技能，促进学生身体素质的全面发展，提高学生的综合素质，为我国竞技体育和群众体育的发展输送更多的栋梁之材。

③ 课余网球运动训练还要注意培养学生的意志品质和道德品质。要将现代社会主义教育、集体主义教育和爱国主义教育融入课余网球运动训练之中，提高学生网球运动学习的兴趣，培养学生良好的意志品质、合作意识和竞争意识。

（2）课外网球活动

学生课外网球活动的形式同其他体育运动项目基本相同，下面主要对课外网球活动形式进行介绍。

① 全校网球活动

同其他形式的活动相比，全校网球活动具有巨大的活动规模、气势以及广泛的影响力，这些都是其他形式的活动无法比肩的。这种网球活动的组织和操作都是比较方便的，这主要是因为学校可以对全校网球活动进行统一的领导和管理，这就使得在全校网球活动组织、实施和评价的过程中，避免了很多麻烦，非常便利。

在全校网球活动中，具有代表性的活动形式有早操、课间操等，全校网球活动的作用主要表现在以下三个方面。

A. 通过全校网球活动可以为各个年级之间、各个班级之间的学生提供一个良好的相互学习的机会，以更好地促使各个年级的学生共同进步。

B. 通过开展全校网球活动能够很好地面向学生开展集体主义教育和爱国主义教育。

C. 通过组织和开展全校网球活动有助于提高学生的集体荣誉感，培养学生遵守纪律的意识。

全校网球活动的组织与开展也会受到很多因素的限制，其中影响全校网球活动开展的主要因素有组织措施、场地、学生个体差异等。

② 班级网球活动

同其他学生课外体育活动相比，班级网球活动的优点是容易进行组织与管理、气氛比较活跃、具有较大的选择余地、限制因素比较少及能够获得良好的身体锻炼效果。在班级网球活动开展过程中，教学班是其基本单位，班级网球活动主要由班级体育委员来负责组织，而其他的班级干部共同协助配合体育委员来开展班级网球活动。此外，体育教师和班主任也为体育委员组织班级网球活动提供相应的指导。

③ 团体网球活动

团体网球活动主要是由具有相同兴趣、爱好和特长的学生自发组织的。在开展相关团体网球活动时，这些学生都有着相同的目的，并在参与活动的过程中，这些学生通过相互交流、学习，共同提高和进步，从而建立起深厚的友谊。学生在参与的过程中也会体验到成功的感觉，获得真正的快乐。

在组织团体网球活动方面，不会受到太过严格的限制，而是比较自由，在成员数量方面也没有明确的规定，需要根据具体情况确定，并且团体中的成员都具有一定的变化性。参加团体网球活动的成员，既可以是来自不同年级、不同班级的学生，也可以是相同年级或同一班级的学生，还可以是来自各个年级、各个班级的学生共同集聚在一起参加体育活动。由于团体网球活动在人员、地点和时间方面都具有一定的自由度，因此并不需要对其进行专门的管理。

④ 小组网球活动

在组织小组网球活动方面，常常根据学生的班级、兴趣、性别等因素来划分小组。每一个小组中都要安排一名学生作为组长来组织组员参与网球活动，通常情况下会选择安排那些积极分子或项目擅长者来担任组长。在组织小组网球活动时，需要考虑网球场地器材、季节气候等因素，并作为小组网球活动内容的选择依据。

⑤ 个人网球活动

所谓个人网球活动是指学生根据自身兴趣与爱好，通过参考网球锻炼方法所需要的需求，自愿选择网球锻炼项目，在课外网球活动中单独进行锻炼的活动方式。另外，通过个人网球活动，还可以养成良好的体育锻炼习惯，树立起终身体育意识。

通常情况下，学生参与网球锻炼活动大都是因为本身喜欢网球运动，同不参与运动的学生相比，经常参与网球活动的学生在身体素质、网球知识、运动技能方面是更为优秀的。因此，教师要对这些学生的个人网球活动进行积极的指导，使他们可以充分发挥自己的体育特长与优势，达到以点带面，整体提高网球技能掌握的效果。

个人网球活动与集体网球活动（全校网球活动、班级网球活动、团体网球活动）并不存在矛盾关系，没有绝对的排他性。而且，一定程度上，个人网球活动与集体网球活动还能够相互促进。

3. 社团活动

近几年来，高校的课外体育活动开始流行一种新的形式——社团活动。社团活动主要包括单项体育社团和综合体育社团。在创办网球社团方面，学校所要考虑的因素主要有学校的体育传统优势、场地设备及学校现有的师资力量等。

4. 校园网球竞赛活动

校园网球竞赛主要有以下两种类别。

（1）校际网球竞赛

培养学生良好的体育锻炼习惯是开展校内网球竞赛的主要目的，而开展校级网球竞赛的目的主要是树立学校文明形象，加强校级之间的交流，并加强学校与社会之间的交流。对于校际间网球比赛来说，中国大学生网球锦标赛是中国大学生体育协会规模最大、规格最高的年度赛事。历经几十年发展，其已成为中国大学生体育协会旗下规模最大、参与人数最多、参与学校最广的国家级体育赛事。学生渴望在比赛中展现自身的能力，这对学生的竞争意识的培养十分有利。

（2）校内网球竞赛

校内网球竞赛能够促进学生的个性得到良好发展，培养学生的体育运动能力，有利于营造良好的校园网球文化氛围。

校内网球竞赛主要有班级网球竞赛、年级网球竞赛、院级网球竞赛、校级网球竞赛等，这些都是根据组织的等级来进行划分的。网球赛事的开展能够吸引很多学生积极参与，对于培养和提高学生的网球兴趣有着非常积极的作用。与校际网球竞赛相比，校内网球竞赛尤其是班级网球比赛在组织方面更加灵活，通过开展校内网球竞赛还能够提高校园体育文化的凝聚力。

5. 网球消费行为

大学生在体育项目的投入往往具有主观性，其受到多种因素的综合影响，其中包括他们的经济状况、对体育活动的热情、个人的体育理念、体育知识的掌握水平，以及日常可支配的休闲时间。网球消费行为，是指大学生在参与网球活动过程中的个人支出，既包括购买网球相关实物商品，也包括与网球相关的非物质享受。大学生对于网球消费的模式，直接而真实地体现了他们对这项运动的热爱程度。它不仅是校园网球文化氛围的独特展现，更是推动校园体育文化建设不可忽视的力量。每一份对网球的投资，都在无声中塑造着校园的体育生态和价值观。大学生在网球方面的实物消费主要有：购买网球拍、球拍的配套产品（如网球线、手胶等）、网球鞋、网球包、网球服等；服务消费有：网球场地的租赁、网球比赛报名费等；精神消费：观看比赛门票、购买网球书籍杂志、购买网球明星周边等；网球课程培训消费：网球教练证、网球裁判证、网球技术讲解视频等。

（四）校园网球精神文化

1. 网球观念

网球观念是指个体在深入理解与把握体育内涵的基础上，对体育在人生中所占据的地位、所发挥的作用及其所蕴含的价值，作出的全面而深刻的判断与定位。这种观念体现了人们对体育的重视程度，以及在价值体系中对体育所给予的优先级与排序，它在驱动人们参与体育活动中起着关键作用。大学生对网球的认识并非一蹴而就，而是通过实际参与网球运动、观赏比赛及学习相关知识等途径，逐渐塑造了他们的网球观念。网球文化价值包括：健身价值、娱乐价值、教育价值、审美价值、交际价值和经济价值。

2. 网球动机

运动动机是一种由运动目标所激发或抑制的心理状态，它是推动个体参与体育活动的内在动力，影响着学生投身于体育锻炼或相关课程态度的积极与否。这种动机构成了大多数运动者行为的根本驱动力，特别是在高校中，大学生参与网球运动的动机，不仅直接推动了这项运动在校园内的活跃程度，还深远地塑造了校园网球文化的未来走向。

3. 网球道德风尚

国家倡导的高等教育改革旨在全面提升学生的综合素质，培育出具备深厚专业能力和高尚品德的新一代。道德修养是高素质人才应具备的关键要素，它对其他各项素质的塑造具有引领作用。在网球规则的严格约束下，参与者在比赛中逐渐养成诚信、尊重、礼貌等习惯，无论是在比赛中听到的歉意"对不起，我的错"还是比赛结束后的握手致谢，都是这种良好道德习惯的体现。正所谓"球品见人品"，这种规则下的行为准则，不仅限于赛场上，更延伸至日常生活，培养出独特的文明举止。

网球巨星费德勒在使用放小球技巧得分时，会向对方举手致歉。遇到因对方失误而意外得分，运气好意外得分等情况时，运动员们也会互相表示歉意，以表达对对手努力的认可和对比赛的尊重。这在网球场上屡见不鲜，体现了体育精神的高度。实际上，网球场不仅是技巧较量的舞台，更是道德素养的演练场。校园网球精神文化强调大学生品德教育的重要性，注重提升他们的个人素质，诚信作为其中的核心价值，尤为突出。

在业余网球赛事中，一种被称为"信任制"的模式被广泛采用。在这种模式下，没有裁判的介入，参赛者需基于彼此之间的信任和公平竞争精神来判定比赛结果。他们尊重对手的判断，即使在分数领先时，也不会因此而动摇诚信的原则。这种实践充分展示了体育竞赛不仅是技术的竞技，更是诚信与公正的生动课堂。

4. 网球精神

网球运动，以其独特的竞技性，充分展现了球员在攻防转换过程中所需的拼搏精神、智谋和坚韧不拔的意志。这一运动不仅体现了竞技的激烈与精彩，更彰显了球员在比赛中展现的优雅风度和文明精神。对于广大青年学子而言，网球运动不仅是一项体育竞技活动，更是一种积极价值观的传递。它既能够培养学生们端正的竞技态度和行为举止，也能够促进他们形成尊重他人、团结合作和顽强拼搏的精神风貌。

在网球场上，无论是教练与球员之间，还是双打搭档之间，都需要建立起默契配合与相互信任的关系。这种默契与信任在团体赛中尤为重要，能够激发球员们奋发向上的体育精神。参与网球运动的大学生，必须具备诚实守信的品格，敢于创新突破，勇于超越自我，并在面对困难时不轻言放弃。尤其面对日益激烈的社会竞争，广大学生更应进一步培养竞争意识、团队意识、拼搏意识与创新意识。网球运动正是一个绝佳的锻炼平台，能够助力学生们在竞技场上锤炼品质、提升能力，为未来的全面发展奠定坚实基础。

第四节　校园网球运动文化传承与发展

一、校园网球运动文化传承的主要内容

校园网球文化传承包含了诸多方面的内容，也正是由于内容很多，所以需要学校的网球教师在进行网球教学过程中正确把握这些内容，然后进行重点教授。

（一）网球运动物质文化的传承

在网球运动物质文化方面，所涉及的内容非常多。从网球运动的用球来看，在过去使用的是布球，后来随着社会的发展，开始将网球从之前的布球制作成橡皮球，并进行了不断的改进和完善。为了更多地满足不同人群的网球需求，国际网联还特地制订了多种标准。以网球运动服装为例，设计师将时尚元素与运动功能相结合，既满足了运动员在比赛中的实际需求，也能够让他们体会到美的存在。

（二）网球运动技能文化的传承

网球运动属于隔网对抗项目，在比赛中对手之间不存在身体接触，整个比赛充满了绅士气息，根据比赛需要，运动员需要具有良好的协调性，既能够展现出运动员高超的网球技能水平，还能够将运动员的形体美展现出来。

（三）网球运动规则文化的传承

从网球运动规则来看，其侧重于强调比赛的公平、公正，这也是当前社会所普遍关注的焦点和重点。遵循网球赛事的既定规程，参赛选手在比赛中必须交替进行发球，这一机制为公平、公正竞技文化的弘扬与传承提供了有力的保障。通过确保每位选手平等享有发球机会，不仅体现了比赛的公平性原则，也为塑造积极向上的体育精神营造了良好的环境。

（四）网球运动绅士文化的传承

在网球发展的最初阶段，其受到贵族的欢迎和喜爱，正因如此，在网球运动的文化内涵中，始终贯穿着文明和高贵的精神气质，这些元素在网球比赛的各个环节中都得到了充分体现。以尊重与信任为核心价值的网球文化，需要我们传承下去和发扬光大。这些重点内容的传承，不仅能丰富网球运动的内涵，也能为推动网球文化的繁荣发展作出积极贡献。

二、校园网球运动文化传承与发展的途径

（一）进一步加强校园网球基础设施建设

学校必须为校园网球运动文化的传承奠定良好的基础，学校如果缺乏必要的网球运动场地，就无法顺利地开展网球运动训练，网球运动文化的传承也就无从谈起，更不用说促进网球运动文化的发展。根据有关调查发现，在网球运动基础设施方面，很多学校都未能达到相应的标准，特别是缺乏相应的网球运动场馆，这就大大影响了学校网球运动教学和网球运动文化传播的效果。如果一直这样下去，学生对于网球运动的热情可能会因缺乏足够的实践环境而受挫。因此，国家和地方教育机构应加大投资，以改善学校的网球运动设施，进而促进网球文化的校园传承。学校层面同样扮演着关键角色，学校应确保充足的教育资源投入，包括聘请专业且技艺精湛的网球教练，根据学生的特性定制个性化的教学课程。另外，可以引入先进的教学技术设备，如专业比赛视频资源，这能有效激发学生的学习热情，让他们在参与中体验到网球的魅力。

（二）对网球教学模式进行改变

在我国当前的学校网球教学体系中，以教师为主导，通过系统讲解和精准示范，引导学生积极参与模仿练习的教学方式仍占据主导地位。这种教学方法虽然有助于提高学生的网球技能水平，但并不能让学生真正地深入了解网球文化。这就需要学校网球教师转变教学模式，如通过采用观看视频和让学生亲身体验的方式来使学生真正地学习网球运动文化。在推广校园网球文化的教学活动中，需要让学生参与实际比赛，并且通过观赛来学习，通过组织学生观看网球比赛，引导学生深入了解网球运动的文化内涵。这样做既能够促使学生素质的全面提高，也能够积极调动学生学习网球的热情，进一步促进校园网球运动文化的传承与发展。

（三）要对网球教师的教学理念进行优化

通过长期观察发现，在网球教学过程中，很多网球教师只是将精力放在如何保证教学任务顺利完成方面，这也就使得教师在教学过程中通常只是向学生教授基本的网球运动技巧，强调著名网球运动员取得的优异成绩，却很少向学生传授相关的网球文化知识，也很少向他们介绍网球明星为取得成功所做的努力的事迹，这显然不利于培养学生良好的价值观。网球教师应该优化教学理念，做好角色转型，即他们不仅要传授专业的网球技艺，更要扮演网球运动文化传递者的角色。在教学实践中，教练应强调网球运动精神的内涵，教导学生不仅要在击球技巧上精益求精，更要在一举一动间展现适宜的风度，体现出网球运动的文化素养。这种全面的教育不仅提升了学生的个人涵养，也提升了教学的整体质量，让网球运动的文化精髓得以充分展现。在教学设计中，教练应引导学生理解体育锻炼的核心价值——身心健康，而非仅追求比赛胜利。通过网球运动，学生能学会与人交往，提升社交技巧，学会自我管理，从而实现个人成长和价值的提升。网球教学旨在培养全面发展的人才，而非单纯的运动员。

（四）构建网络文化教育体系

随着现代网球运动的快速发展，越来越多的人开始喜爱和参与网球运动，网球运动文化的影响力日益增强，这对网球教学工作提出了更高的要求。为了有效传承网球运动文化，我们必须重视其与学校之间的紧密联系，并努力培养具备高素质和专业能力的网球人才。这不仅能够展现网球运动的礼仪与教育价值，还能为学生的全面发展提供有力支持。

为此，学校应当积极开展网球课程教学，并将其纳入体育课程体系，以提升学生的体育素养和综合素质。同时，鼓励和支持学生组建网球社团和组织，定期举办各类网球比赛和活动，为学生提供展示自我、交流学习的平台。这将有助于增强学生的团队协作能力和竞技水平，进一步推动校园网球运动的发展。此外，学校可以邀请专业网球运动员和教练员进校指导，传授网球技能和知识。

在构建网球运动文化教育体系方面，学校应注重内外一体化的培养模式。通过课堂教学与课外实践的有机结合，形成完整的网球运动文化教育链。这将为校园网球运动文化的传承与发展注入新的活力，进一步促进校园网球运动的广泛普及与深入发展。

第五章　高校网球运动文化建设

本章为高校网球运动文化建设，主要介绍了三个方面的内容，分别是高校网球文化建设的价值与意义、高校网球运动文化建设模式、高校网球运动文化建设策略。

第一节　高校网球文化建设的价值与意义

一、建设网球文化可以提高大学生的综合素质

人文素质是个体在深入学习和掌握人文社会科学知识后，内化形成的综合素养和品质。它主要由深厚的人文科学知识和崇高的人文精神构成，体现了人的全面发展，同时也是国家文明进步和社会和谐发展的重要基石。体育人文素质既有一般人文素质的历史知识、文学知识、艺术知识、哲学知识、宗教知识、道德知识等方面的内涵，又具有体育运动本身所特有的特征要求，包括体育美学修养、体育道德修养、体育礼仪修养和体育史学修养等。网球运动本身所具有的健康、高雅、时尚、文明的特质，有

着较为深厚的文化底蕴，并与高尔夫球运动、保龄球运动、桌球运动并称为世界"四大绅士运动"。由此可见，在高校推广网球运动，对于提升大学生体育文化素养具有至关重要的意义。

诚实守信是道德体系中一个具有普遍性的道德规范，是一切道德规范的基础，是大学生在学校和社会中安身立命的关键。在校园网球活动开展的过程中，对大学生诚实守信品质的培养贯穿始终，网球运动具有一整套先进、科学、合理化的比赛规则，它要求参赛者必须保证诚实且遵守比赛规则。尤其是在采用信任制的网球比赛中，在没有裁判员对比赛的得分进行汇报时，诚实则成为大学生在比赛中的基本行为准则。当诚信理念在校园网球活动和比赛实践中得以验证时，身处其中的大学生自然也会潜移默化地受到网球文化的熏陶，自觉养成正确的诚信观，并将诚信放在为人处世的首要位置。网球文化的诚信教育对大学生建立和谐人际关系和提升国民素质具有重要的意义，为社会塑造高品质的人才起到积极的作用，与社会道德伦理体系的建设相辅相成。

文明高雅在网球运动竞赛中得到很好体现。文明礼貌和高雅时尚是网球礼仪文化的典型特征，其文化礼俗源头有着100多年的久远历史，其具体内容为：以礼相待、保持安静和肃穆等细节。观众在观看网球比赛时需保持安静，球员之间、球员与观众之间以礼相待。这些举动展现了对运动员、裁判员、工作人员及观众的尊重，也是注重个人尊严的体现，本质上体现了"以人为本"的理念。网球运动发展百年以来，有着严格的行业管理、严谨的竞赛观，运动员除必须遵守行业管理和竞赛规范之外，良好的竞赛环境也使他们本能遵守着文明、高雅的社会行为规范，这些都是综合素质高的明确体现。

现代网球运动在保持优良传统的基础上，同时增强了现代网球运动文化的大众性，其社会群体基础不断得到扩大。这种不断扩大的社会群体融合了社会的主流和精英及那些追求卓越的年轻人们，对社会整体素质的提高起到了积极良好的作用。因此，网球文化有利于高校学生培养个人文化修养和提升社会道德规范。网球运动中，一个举止文明、有礼节有涵养的运动员不管在任何地方都受到大家的欢迎。而一个大学生，如果除了良好的学识，还能兼具优秀网球运动员的品质将会是非常成功的。社会的认同进一步使当代大学生在思想和行为接受网球文化的价值取向，促进思维方式、道德规范、行为准则有机地融为一体，以提高其综合素质。

二、建设网球文化能在大学生群体中形成榜样力量

高度的社会责任感和良好的道德品质是网球运动员的特质品质。绝大多数网球运动员都有良好的社会行为记录，大多数都经常参与社会公益活动与慈善事业，这也是我们高校工作者对当代大学生应具备这种人格品质的美好祈愿。

2010年1月17日，费德勒召集众多网坛国际巨星举行表演赛，为海地灾难集资捐款。他说："我想在力所能及的范围内，为灾区做一些事。"其他网球明星也纷纷响应，很多人甚至不惜修改原来的训练计划。2010年11月18日，由37座大满贯得主比利·简·金及英国著名音乐人埃尔顿·约翰联手举办的第18届WTT（世界团体网球联盟）Smash Hits慈善赛在美国华盛顿美国大学班德球馆进行。慈善赛的目的就是为提高艾滋病研究和防治水平筹款，布托拉克、纳芙拉蒂洛娃、菲利普西斯、斯塔布斯、阿加西、甘比尔、格拉芙和库尔尼科娃等退役著名网球手都参与其中。2010年12月22日，网球两大巨星费德勒和纳达尔又一次上演巅峰对决，这次不是为了某个冠军头衔，而是"为了非洲"的慈善赛。两场比赛过后，费德勒和纳达尔携手募集到500万美元善款，这笔善款将通过他们各自的基金会帮助非洲儿童。除了向前来观看比赛的观众表示感谢外，纳达尔还特意对费德勒的鼎力支持表达谢意，两位天王虽然在球场上针尖对麦芒，但比赛场外，或者说为了慈善事业，两人表现出强大的凝聚力。2011年3月24日，在美国迈阿密硬地大师赛前，由日本网球选手锦织圭组织的足球慈善义赛，成了众多明星大腕的热身场——包括纳达尔、德约科维奇等人在内

的网球选手都参加了该场比赛。这场比赛由年初登顶澳网大满贯的德约科维奇牵头，并在纳达尔的牵线搭桥下共同促成，而作为日本网球代表的锦织圭也毫无疑问地成了比赛招贴画上的代表人物。

以优秀网球运动员选手为榜样，培养大学生个人的良好社会责任感和道德品质将是一项非常有意义的管理改革工作。在校园文化建设中，通过开展网球运动、举办网球比赛、宣传网球竞赛、宣传网球选手的社会公益活动和慈善行为，多渠道开展网球运动的文化传播，使之成为校园体育文化传承内容。

三、建设网球文化有利于培养大学生的精神文明

大学时期是学生个人品质塑造和锤炼的关键时期，大学生的道德素养在这段时间内逐渐稳定并向着更加完善和成熟的方向发展。当前，大学生普遍持有积极向上的思想，但同时也在一定程度上受到消极价值观念的影响，需要学校重视并采取措施加以引导。参与网球运动可以丰富学生校园文化生活，促进他们的健康成长，协助他们建立坚定的理想信念。另外，要深入推进科学思想管理体系的建设，全面加强对大学生的科学态度与思维的培养，切实提升他们自我管理、自我发展的能力，以及明辨是非、正确判断的能力。

高校精神文明建设不仅仅是个人思想品德提升的问题，同时也是一个大学生群体的时代精神文明提升的问题。因此，高校精神文明建设是一个团结协作努力的过程，培养学生的协作精神至关重要。网球竞技鲜明地展现了协作的价值。从教练到运动员，从单打独斗到团体赛的队友，再到双打的伙伴，每一环节都需要合作。网球运动强调默契、尊重和持续的鼓励，还有面对失利时的责任担当，这些都是精神修养的外在表现。这种集体协作的力量，如同无形的胶水，强化了团队的向心力和竞争力。当学生们步入社会，这种精神力量将在实际工作和生活中发挥出意想不到的作用，展现出其深远的价值和影响力。

四、建设网球文化有助于构建和谐的校园环境

和谐校园是指高等学校内各种关系之间的协调、稳定和相互依存，包括人际关系、人与环境的关系及人与社会的关系健康发展的状态。这是一种基于协调发展核心理念的运作模式，强调学校教育中各种系统和要素之间的和谐统一和有序高效运行状态。研究指出，个体身心素质的发展和形成是由遗传、教育和环境共同影响而成的。人受周围环境的影响，同时也在影响着环境，影响着他人和自身。校园网球文化环境是指促进大学生参与网球活动、提升网球技能水平，并对他们的生活习惯和方式产生积极影响的生活环境。构建一个积极向上的网球文化环境，将会有效激发大学生参与网球活动的兴趣。学校的报刊、广播、宣传栏、网球场、网球馆等可以共同构成的校园网球文化的传播环境。学校精心组织并引导师生积极参与网球活动，与此同时，也充分尊重并鼓励师生自发开展网球运动。这种既有组织引领，又有自发参与的模式，共同构建了一种浓厚而独特的网球文化氛围，进而形成了具有深远影响的网球文化效应场。"人置身或观察这一文化效应场时，会与它发生感应关系，从而不自觉地获得特殊的体会、熏染和感受，而从侧面感悟某种文化的精神、情调、气质和状态。"[①]加强校园网球文化建设，对于提升师生的生活品质、优化他们的生活习惯、丰富他们的生活方式以及构建和谐校园具有极其重要的意义。

第二节　高校网球运动文化建设模式

推动校园网球文化的发展可以加深网球运动的普及程度，然而，许多高校的决策者和网球活动参与者对构建校园网球文化缺乏足够的重视和全面的理解，他们往往轻视了精神层面的建设，致使网球文化的精髓未能得到应有的传承。这种忽视可能会抑制网球运动的进步，限制参与者对网

---

① 赵锡凌，汪军锋，党黎明. 体育文化研究［M］. 哈尔滨：东北林业大学出版社，2008.

球的全面理解，无法充分释放网球在教育和塑造心灵方面的潜力。因此，深入研究和构建高校网球文化建设模式显得尤为关键。这不仅能够彰显网球文化的真正价值，还能推动网球运动的普及和可持续发展，进一步丰富大学的体育文化内涵。

一、网络建设模式

高校网球文化潜移默化地影响着大学生的身心健康和人格发展。互联网时代，互联网与校园网球文化的融合使校园网球文化网络建设模式成为现实。

（一）搭建网络平台传播校园网球文化

在搭建网络平台的过程中，必须以大学生为核心用户群体，全面细致地考虑他们的个性化特点与实际需求。当代大学生通常具有较高的文化修养，并且具备较强的学习和接受能力，还能熟练掌握信息社会的社交网络。此外，大学生追求个性，对新事物充满好奇心，有冒险精神和尝试新事物的勇气。因此，在构建网络平台时，需要对传统的网球文化活动进行创新，通过新的丰富多彩的网球活动来吸引学生，让学生产生新鲜感和好奇感，并通过改进平台交流渠道，与大学生建立双向联系。还可以鼓励大学生自发地参与网球活动场地布置和宣传工作，选择具备特殊技能的学生担任比赛裁判等，以巩固学生的主体地位，增强其自信心与责任感。

此外，平台应该具有简单易用的界面设计，以便更好地推广和普及。高校网球文化活动的组织与实施，应紧密围绕大学生的学习生活展开，确保活动内容与学生兴趣爱好紧密相连，充分展现网球运动的群体娱乐性和团队参与性。在此过程中，高校应致力于构建和谐的师生关系，增进师生之间的了解与信任，共同营造积极向上的校园文化氛围。

在建立网球文化活动网络平台时，需要整合各方社会资源，建立一个开放共享的环境，让高校教师和学生更深入地了解并积极参与网球文化的发展。平台应该提供公平的机会，让大家共享资源，并通过促进信息共享，改善网球文化活动和参与者之间的互动关系，促进可持续发展和最优化效益。

高校网球文化活动网络平台的核心精神是致力于合作共赢、共同建设和共享互联网理念。以学校为主体，组织、规划和促进网球文化活动的开展和交流，推广和宣传网球活动的重要性，以促进大学网球活动的兴盛与发展。学校还要充分考虑学生提出的宝贵意见，及时汇总，吸收建设性意见，及时安抚学生的不良情绪，给予合理的解释。

（二）以校园网为网球文化建设载体

校园网是通过先进的互联网技术建立起来的学校内部网络，该网络采用了统一的 TCP/IP 协议标准，确保了系统运行的稳定性与可靠性。在技术层面，该网络不仅展现了其先进性，更重要的是，它具备了对未来信息技术发展趋势的适应能力，这充分彰显了 21 世纪网络运作的先进理念与方式。该网络体系既能够独立运作，也可与外部网络实现无缝对接。在内部应用中，校园网构建了一个灵活、高效、便捷、迅速且经济可靠的信息交流平台，为校园内部的信息共享提供了理想环境。在对外层面，校园网全面展现了校园网球文化的魅力，有效宣传并发布了相关信息，与广大学生群体保持了紧密的沟通与联系。一旦与互联网实现连接，该网络便能共享海量的网球信息资源，进一步丰富其内容和服务。

以校园网作为网球文化建设的载体，能够为网球文化在校园内的传播和发展提供有力支持。通过这一载体，可以有效推动校园网球文化的建设。

具体措施如下。

（1）在校园网上成立一个网球论坛，鼓励学生们在论坛上发表自己的观点、心得和体验，交流网球经验、组织活动和分享资源，与其他学生分享自己的网球故事和感受。这样可以形成良好的交流互动氛围，促进网球文化的传播和发展，增强学生们的归属感和参与意识。

（2）在校园网上发布最新的网球新闻、比赛结果、球员动态等信息，以及网球技巧、战术和规则等知识。这有助于让学生们及时了解网球界的最新动态，提高他们对网球的认识和兴趣，进一步增强他们对网球文化的关注度。

（3）利用校园网平台，组织一些线上网球活动，如在线比赛、模拟比赛、虚拟训练等。这些活动可以增强学生们对网球的参与感和热情，提高他们的技能水平。

（4）在校园网上发布校园内与网球相关的文化活动信息，如网球讲座、电影放映、展览等。这将有助于吸引更多学生参与这些活动，进一步加深他们对网球文化的了解和认识，丰富他们的课余生活。

总之，以校园网为载体推动网球文化建设是一个重要且有效的途径。通过一系列措施的实施，我们可以促进网球文化在校园内的传播和发展，提高学生们对体育文化的认识和兴趣，为他们的全面发展提供有力支持。

二、新媒体建设模式

（一）新媒体校园网球文化建设模式的作用

在数字化与大数据的浪潮中，新媒体正在深刻重塑校园网球文化的内涵与传播方式。它作为全新的媒介平台，为构筑校园网球文化环境开辟了更为高效且即时的途径，有力地推动网球文化的校园建设，并增进了师生间的互动沟通。

传统校园网球文化的塑造策略往往聚焦于弘扬历史渊源和强化经典网球精神，主要依赖网球课程和各类校园活动来承载和传播这种独特的体育文化。然而，新媒体的到来为这种文化实践增添了新的活力和维度。校园网球文化的构建在新媒体的介入下，着重强调互动体验和多元表达。它巧妙地融合了线上线下的交流方式，借助诸如社交网络、移动应用程序及数字媒体等前沿工具，增强了与学生群体的深度互动。这种互动模式不仅推动了网球文化的动态传承，更是在变革中实现了其多元化的传播。新媒体的运用开创了学校的社交新天地，让校园网球文化的理念得以生动展现，还显著拓宽了网球文化传播的疆界，激发了大众对网球文化的广泛兴趣和参与热情，使得校园网球文化的影响力得到了前所未有的提升。

（二）新媒体校园网球文化建设模式下的原则

新媒体应用于校园网球文化建设，需要遵循以下原则。

（1）多样化原则。构建丰富的校园网球文化环境，应当兼顾各类受众的多元化需求，新媒体平台的运用十分重要。它不仅限于单一的文字展示，还包括生动的图片和动态的视频等形式，以此来吸引并满足不同喜好的各类用户，确保信息传递的广泛覆盖。

（2）互动性原则。新媒体的特性在于其高度的互动性，所以在校园网球文化的构建过程中，应积极倡导用户的参与和交流，使他们从旁观者转变为积极的建设者和贡献者，这样能有效提升他们的认同感和沉浸式体验感。

（3）可持续性原则。构建深厚的校园网球文化氛围是一个持久且系统性的工程，新媒体介质则扮演了至关重要的催化剂角色，它在信息的连续性和互动性传递上展现出了强大的效能。为了确保这种文化的活力和吸引力，新媒体内容策略的创新与精细化管理则是关键。这包括定期更新和维护平台上相关的内容，以激发用户的持久关注和深度参与。

（4）效果评估原则。实施有效的绩效评估机制对于新媒体在校园网球文化建设中至关重要，这样能实时监控并据此调整策略，从而提升工作的精准度和产出的价值。

此外，在校园网球文化建设中运用新媒体时，务必保证所传播信息的真实性与可靠性，防止虚假信息的散布，从而确保文化建设的积极效果。还必须严格保护用户隐私，不得泄露个人信息。同时，新媒体系统的安全性亦不容忽视，必须采取有效措施防范黑客攻击和病毒感染等安全风险，保障信息的安全与稳定。这些措施对于新媒体在校园网球文化建设中的有效应用至关重要，有助于推动校园网球文化的健康发展，为师生提供更为优质、健康的体育文化环境，进一步促进校园文化的繁荣与进步。

（三）构建新媒体校园网球文化建设模式的方法

1. 建设社交媒体平台，提高校园网球文化影响力

在数字化时代，社交媒体成为校园文化扩散的新兴舞台，特别是对学生来说，它们构成了获取网球资讯的重要窗口。高校可巧妙运用如官方微信公众号和抖音平台等多元媒介，策略性地推送与网球文化深度相关的精彩内容，以此来吸引学生的关注，激发他们对校园网球文化产生浓厚兴趣，进而深化他们对校园网球文化的价值认同。

2. 充分利用在线教育平台，深化校园网球文化内涵

学校可以通过创新的教学策略，如虚拟网球训练营和专题研讨会，来强化校园网球文化的渗透力。这些活动不仅包含基础技能的学习，更深入挖掘网球背后的丰富历史和精神内核。还可以邀请知名专家、杰出校友等参与网络网球文化讲座。通过互动式的知识传播，让学生在轻松愉快中领略网球的魅力，拓宽他们的文化眼界，同时也点燃他们对网球文化的热忱。

3. 开发数字化展馆，加深校园网球文化体验

学校可以运用数字化展馆这种现代化展示手段，为学生创造了一种新颖的网球文化展示方式。这种展示形式不仅极大地拓展了展示空间，也为学生提供了更加详尽、生动的展示内容的形成，使他们能够全面、深入地感受校园网球文化的独特魅力和深厚底蕴。这种创新性的展示方式，无疑为校园文化的繁荣发展注入了新的活力。

4. 开展社群活动，营造浓厚的校园网球文化氛围

学校应积极利用线上与线下多种渠道，精心策划与组织网球社群活

动，努力打造一个相知相识、互动交流、共同进步的良好社群网络，以推动校园网球文化有效传承，促进网球运动繁荣发展。具体来说，可组织网球文化节等丰富多彩的活动，并以此为契机，引导学生全面深入地认识网球文化，自觉传承校园网球文化的精髓。

第三节　高校网球运动文化建设策略

一、校园网球物质文化建设策略

（一）完善网球运动设施，优化资源配置

各项体育运动都离不开场地与器材的支撑，它们是体育运动得以开展的物质基石和必要保障。在众多体育项目中，网球运动对场地和设施的标准尤为严格，这体现了网球运动的专业性和独特性。

高校在强化设施建设的同时，应注重网球馆的策略性运营，提升资源的使用效率，确保其具备长远的经济效益。在维护教育与训练的核心功能的同时，灵活调整开放时间，包括早晚时段、周末和公众假期，使学生能全面利用这些设施。引入部分有偿训练和健身服务，通过合理的收费机制，实现场馆自我维持，形成一种可持续的运营模式。随着体育产业的蓬勃发展，大学生的消费行为模式日益受到众多品牌商家的高度关注。为此，高校应积极响应市场趋势，主动搭建平台，吸引赞助商入驻，借此缓解体育设施资金压力，同时为学生带来更多实质性的福利。这样既能填补运营资金缺口，又能优化体育资源的分配。

此外，在排球场地和羽毛球场地中，最为常见的是地胶垫场地，其不仅铺设简便，而且方便收取。因此，高校可以通过创新方式，将排球场地和羽毛球场地巧妙地改造为适应网球运动的空间，这使得原本单一的场地得以轻松转换角色，充分挖掘其多功能潜力。通过这样的整合，场地的利

用率得到了显著提升，无需大幅投资就能实现多种运动项目的兼容。这种"一地多用"的策略，有效地缓解了场地资源紧张的难题，同时也实现了经济效益的最大化。通过合理的改造，运动场地的使用效率得到了前所未有的优化，节省了不必要的开支。这种创新性的管理方式，无疑为教育资源的高效配置增添了新的可能性。

（二）加强教师队伍的建设，提高网球师资力量

提升高校网球教育的专业质量，首要任务就是强化教师队伍的能力建设。构建一支具备精湛技能和高尚品德的网球教育团队，对于校园网球文化的繁荣发展至关重要。然而，目前高校的网球教育资源面临严峻挑战，专业教师短缺，许多教师的知识与技能主要依赖于自我摸索和短期培训，导致教学内容的专业性和连贯性大打折扣。这种状况对于热衷于网球并寻求进步的学生来说，无疑无法满足他们的需求，进而影响了学习成效和成绩，挫伤了学习热情，阻碍了网球在高等教育领域的普及。因此，高校应积极采取措施，引入具有专业背景的网球导师，倡导教师利用假期进行有计划的进修和专业研究，定期组织教学研讨会，强化教师对网球课程理论和实践的理解和掌握。同时，应加强与其他高校在网球教学方法和经验上的交流与合作，鼓励教师参与国际国内重大赛事的观赛和学习，以此拓宽视野，提升自身的教学实力和创新思维。这样的举措将有力推动高校网球教育水平的提升，为网球文化的深入发展创造有利条件。

（三）增加校园网球宣传手段

学校实施的网球教学课程、组织的网球活动和竞赛，无疑为这项运动的推广作出了贡献。除此之外，为了扩大影响力，我们还应拓宽校园网球活动的宣传渠道，如利用社交媒体的力量，在微信群组分享动态，在公众号上发布专业文章，在微博上进行专题推送，这些都是线上宣传的有效手段。同时，结合线下媒介，如校园广播的定期播报和宣传栏的展示，能更

直观地吸引学生的关注，无论是参与者还是潜在爱好者，都能在日常生活中潜移默化地接触到网球文化。通过传播网球知识和宣传社会价值，我们可以丰富学生的网球知识，提升他们的兴趣。学校应在这一领域不遗余力地扮演关键角色，做好校园网球运动的推广工作，校方领导的关注与支持也能使现有的宣传策略发挥更大的作用。

二、校园网球制度文化建设策略

（一）加强校园网球管理制度创新

管理制度创新是指管理者对现有体系的深度重塑，其核心是针对现有制度的不足，为构建新型管理制度提供关键参考。首先，我们要重新审视并修正那些不再适应形势的规则体系，然后有针对性地设计和提升新的管理体系。这包括改进组织架构、重新塑造行政流程、改革运动员选拔策略、创新课程管理方式、建立公正的奖惩体系、激励科研活动的奖励政策，以及推动学科课题研究的规范化制度。这些全面而前瞻性的改革，旨在推动资源的高效配置和整体效能的提升。

（二）加强校园网球管理观念创新

高校网球运动的管理应当迈向革新的前沿，这就要求管理层摒弃过时的观念，对管理策略和思维方式进行全面重塑，此举的目标是构建一个能顺应社会变迁、与时代脉搏同步的管理体系。管理者不仅需具备敏锐的问题察觉力，更要迅速采取行动，革新管理思维，倡导一种包容开放的文化。他们应持有以服务为核心的价值观，致力于网球运动的全方位发展，始终坚守"以人为本，促进学生全面发展"的管理原则。

（三）加强校园网球管理方法创新

为了适应社会进步的需求，管理策略必须与时俱进，因此管理创新至关重要。管理者需立足于网球训练的独特性，融合前沿的数字科技，如云计算、虚拟现实运动教学平台，以及高效的当代运营管理模型，同时博采众长，汲取高效质量管理的精华，根据实际情况灵活运用并推动管理变革。

（四）加强校园网球管理组织创新

大学网球组织作为一种自发且群体化的体育团体，深化并拓展了正规网球课程的功能，能显著提升成员的网球技能和增进对战术的理解，同时激发更多学生对网球运动的热情。当前，许多高校的网球教学模式往往难以适应学生个体运动能力的多元化需求，学生们受限于课堂教学，课后鲜有专业教练的辅导和额外训练，这些因素都导致他们的网球技术水平难以得到有效提升。社团活动则为解决这一问题提供了可能，它可以有效利用校园设施，定期或临时举办训练和比赛，创造一个适合学生学习和参与网球活动的良好环境。这些社团由学生领袖管理日常事务，确保组织的稳定运作。同时，通过学生们积极传播网球精神，宣传网球运动的独特魅力，争取得到学校和社会的支持，从而壮大社团规模，这对推动高校网球文化的繁荣具有显著的推动作用。

三、校园网球行为文化建设策略

（一）加强网球教学方法与模式建设

网球课程的深化研发与教学模式的创新至关重要，旨在构建多元化的培养目标层次，以适应各类学生的个性化需求。针对初学者，我们可以引入"短式网球"选修课程，利用非传统方式，如简化规则和适应性球场设计，有效提升场地利用率，降低学习门槛，激发学生的学习热情。通过智能化的教学手段，如在线教育资源推荐，大学生能便捷地获取专业网球教程和文章，实现自我学习，拓宽知识获取途径。此外，我们提倡实践与理论相结合的教学模式，定期组织实战训练，让学生在实际操作中深化对网球知识的理解，能有一个丰富的网球文化沉浸式体验，从而推动网球文化的传承。此外，可以采用观看网球视频这种教学手段，这也是了解和欣赏网球魅力的窗口。

（二）构建科学的网球课程评价体系

评估学生的学术表现、学习成绩及技术达标状况时，教育者需运用多元化的评估工具，以确保获取及时且精确的反馈信息。这不仅能使教师深入理解每个学生的学习状况，同时对于技能尚待提升的学生，还可提供进一步的巩固训练和实践机会，实施强化训练和针对性练习。当前，大部分高校的网球课程评估框架尚待完善，教师应在关注理论知识和技能的整体评估的同时，尝试将网球教学提升为校级研究课题。这将激发高校对网球课程评价体系构建的深入探究，同时鼓励教师积极参与教学实践和实证研究，推动这一领域的实质性发展。

（三）加强学校网球校队的建设

在对校队的运营中，学校需为队员提供一定的策略扶持，包括发放训练津贴、提供免试攻读研究生的资格，以及加学分等利好措施，这样的做法目的在于保障大学校队学生的录取稳定性。同时，建立一套公正且科学合理的网球校队选拔制度也至关重要，其目的在于点燃学生的参与热忱，提高他们的主动性，从而促进网球运动的持续繁荣与发展。

（四）加强学校网球社团的建设

学校在社团建设方面，应特别关注并重视网球社团的发展，为其提供必要的支持和资源。为确保网球社团能够顺利开展活动，学校应划拨专项资金，用于社团的定期运营和发展。同时，学校应对社团指导老师提出明确要求，并配备具备专业网球背景的指导教师，为社团提供专业且定期的指导服务。这将有助于丰富社团的活动形式和内容，使网球社团在发展过程中展现出多元化的特点。此外，学校还应加大对网球社团的宣传力度，提高社团的知名度和影响力，为社团的长远发展奠定基础。

（五）加强高校之间的赛事开展

网球比赛是推动学校网球运动普及和提高学生运动技能的重要途径，同时也是构建校园网球文化不可或缺的一环。以国际关系学院（简称"国关"）为例，作为中国大学生体育协会网球分会（简称"中国大网协"）副主席单位、北京市大网协主席单位，"国关"依托丰富的教育资源和校领导的支持，经过长期不断探索与努力，在高校网球运动推广工作方面取得了较好成绩。除了积极参加并承办部分北京市高校大学生网球赛事外，"国关"成功组织承办了3届校长杯网球邀请赛，增进了全国热爱、支持网球运动的各高校领导间的交流，特别是在2009年、2010年"中国网球公开赛"赛事期间，"国关"以北京市大网协主席单位身份与北京中国网球公开赛体育推广有限公司、北京东方国际网球发展中心共同合作，在中网公开赛赛地、国家网球中心连续两年举办全国高校校长网球邀请赛，取得圆满成功，由此也提升了高校在中国网球运动领域中的影响力。2008年，"国关"承办全国大学生网球赛北方赛区比赛和北京市大学生网球团体赛，参赛人数和规模创历年之最，影响甚广。

高校不仅应该组织学生参加校外网球比赛，还应该丰富校内网球比赛。自2008年以来，"国关"每年都举办校友网球公开赛，在学校体育节期间，还会举办师生网球对抗赛，并且平时也会定期举办学生网球联赛。校园比赛可以使学生零距离接触网球比赛，让他们有更多的网球体验，能够更多地了解网球运动，增强他们对网球运动的兴趣；同时，比赛能够更好地激励学生，检验学生的训练效果，为学生提供一个交流互动和展示自我的平台。高校还可以通过组织学生观看网球比赛搭建平台，鼓励学生以球健身，以球会友，普及网球知识、规则、礼仪等。在大型国际网球赛事举办期间，高校通过组织学生观赛，可让他们更深入地了解国内外网球运动发展的现状，促进校园网球文化的发展。

（六）重视高校网球科研工作

当大学网球活动达到一定规模，理论指导就显得至关重要。作为科研创新的重要平台，高校应积极推动网球运动的深度科研工作，以此驱动其健康而迅速地发展。学校应当设立常规机制，鼓励教师针对校园网球运动进行深度探究，研究课题可以涵盖网球教学目标的设定、教学策略的创新、训练手段的优化、网球社团的构建、球场资源的有效配置与管理，以及网球如何融入并丰富校园文化等多个维度。在这个过程中，既要不断积累经验，寻求突破，也要将先进的理念和方法付诸实施，从而收获丰富的教学与科研硕果。

四、校园网球精神文化建设策略

在高校网球运动的推进中，关键在于激发学生的主动性和自我驱动力，让他们视网球为一种自主探索和享受的途径。在这个互动平台上，学生们有机会结识志同道合的朋友，这对于拓展他们的社交网络和丰富社交体验具有深远影响。通过持续的参与，学生不仅能提升身体素质，增强运动技能，还能将这些收获延伸至未来的生活和职业领域。教育者应在此过程中引导学生理解，练习网球不仅是一项短期的兴趣爱好，更是伴随他们一生的宝贵财富，可以帮助他们树立积极的价值取向，网球运动可以成为他们生活中持久的"伙伴"。

第六章　高校网球运动课外拓展

本章为高校网球运动课外拓展，分别介绍了、高校网球运动队建设、高校网球社团建设、高校网球俱乐部建设、高校网球复合型人才基地建设四个方面的内容。

第一节　高校网球运动队建设

一、高校网球运动队建设概况

（一）高校网球运动队的界定

高校网球运动队是以学校为单位，由高校独立组建，高校网球运动队可以代表学校参加省级及以上的网球比赛。

（二）高校网球运动队的类型

当前高校网球队伍的构建主要分为两种路径：一种源自学生和教师的

自发组织。另一种由学校的相关部门主导建立。

（三）高校网球运动队建设的意义

高校网球运动队作为学校体育的重要组成部分对贯彻学校体育"健康第一"的指导理念有着重要的现实意义。

学校作为培育未来竞技体育精英的摇篮，其体育教学质量直接影响体育项目的发展。而网球教学作为学校体育教育的重要一环，也影响着网球项目的普及与进步。高校网球运动队的存在不仅提升了体育教育的吸引力，而且通过其优异的表现和示范效应，可以激发学生参与网球运动的热情，对于推动学校体育多元化、高质量发展有重要意义。

二、高校网球运动队建设基础

（一）网球运动队建设目标分析

高校网球团队由学生组成，其活动不仅聚焦于技术提升和竞技表现，理论学习同样不可或缺。团队设立的目标犹如驱动器，它能激发队员全身心投入训练，对卓越成绩的追求热情高涨。这个明确导向对于提升高校网球团队的技术水准具有决定性影响，同时也为高校网球运动的健康发展注入了活力。

（二）网球运动员选拔情况分析

在竞技体育的世界里，运动员扮演着至关重要的角色，他们是竞赛的核心，同时也是训练策略的坚定实施者，构成了运动团队中的基石。无论是构建高校级别的网球队，还是推动省级大学生网球赛事的开展，网球运动员的存在都是不可或缺的。他们的网球初始技能、个体体能特性，甚至包括年龄、运动级别等多元因素，直接决定了高校网球队的整体实力和竞技成果。

（三）网球教练员选拔情况分析

教练员的专业素质与运动团队的成绩紧密相连，他们的个体特质，如年龄、学历、专业资格和执教经历，对于构建和优化团队十分重要。

年轻教练以其新颖的视角和前沿知识赋予团队活力，然而他们在实践经验上可能略显不足；相比之下，经验丰富的老教练凭借深厚积累，能够更为稳健地引领团队应对挑战。

在高校网球队伍中，教练员的学历对他们的专业成长有着显著影响，进而间接影响队伍的持续进步和稳定发展。高水平的教育背景不仅是技能的体现，也是他们指导学生运动的重要基础。

教练员的职业地位，无论是职称还是头衔，都对他们的职业满足感和个人发展起着决定性作用。高水准的学术素养提升了教练员的整体效能，使他们能更有效地指导高校网球运动队。

最后，教练员的执教年限不仅是经验的象征，更是他们战术智慧和临场应变能力的体现，对达到高校网球队设定的目标具有不可或缺的作用。因此，教练员丰富的执教经历对提升团队的整体实力至关重要。

（四）网球运动队训练情况分析

高校网球运动项目的竞赛与训练目标涵盖了教练员的执教训赛目标与运动员的参与训赛目标，这对队伍的整体效能及竞技成绩具有决定性影响。这个目标体系的明确程度，直接影响了团队的技术水准与比赛结果。教练员与运动员清晰的目标设定不仅是规章制度设计与运营管理的核心驱动力，对运动员的成长也起到了关键的推动作用。通过对高校网球队教练员和运动员训赛目标的深度剖析，我们能够洞察他们背后的执教动因和竞技意愿，并以此为基础，为队伍的持久发展制定切合实际的策略。

教练员的训赛目标对于体育团队的整体构建具有决定性作用，它影响着运动员的训练动态、竞技表现及长远潜力。教练员的教学驱动力，包括他们的理念和激情，直接影响他们在指导过程中的投入程度和对目标设定的热忱。高校应当着重引导教练员树立合理的训练竞赛目标。同样，运动员的训赛目标对他们参与训练和比赛的热情具有深远的影响。

三、高校网球队建设策略

通过分析高校网球队建设的基础条件，提出以下策略。

（一）基于运动队目标的建设策略

1. 探索多元的人才培养模式

高校在培养运动人才方面肩负重任，有些高校在这方面积累了丰富的经验，并取得了良好的效果。例如，清华大学开办"马约翰体育班"，使用的人才培养模式类似于"一条龙"模式，即从初级到高级的训练与学习同时进行的课余训练体制，该模式中的培养目标与任务都是明确的，也有科学的指导思想和较为完善的政策法规的支持。采用这种模式培养运动人才，能够改善高校运动队生源不足的现状，也有助于提高运动员培养的质量与效果。

高校培养的运动人才应是德、智、体、美、劳协调发展、综合素质较高的优秀人才，现代竞技体育的训练发展对运动员的综合素质及专业水平提出了较高的要求。因此高校在人才培养中必须有严格的标准与要求，必须确保运动员有良好的知识水平和全面发展的能力。有些高校采用三级梯队轨道式发展模式来培养运动员，从自我发展、自我滚动和自我补充的角度出发，形成中学—大学—职业俱乐部的发展模式。该模式值得借鉴，但运用此模式应加强对青少年运动人才库的建立，要与中小学网球后备人才的培养衔接起来。

"体教结合"的培养模式是我国极力倡导的一种新型模式，体育部门与教育部门的协调配合，在人才培养中既重视素质教育，又重视运动训练，以培养全面发展的能够适应现代竞技体育发展需求的新型人才。体教结合不是简单意义上的互动与合作，而是两种模式的补充与融合，深层意义上的融合对培养优秀的网球运动员具有非常重要的意义。

2. 构建科学的网球训练体系

高校网球队训练方法的科学性直接关系到训练效果与训练水平，只有科学训练，才能取得良好的训练效果，提高训练水平和质量。这就要求高校网球队构建适合球队真实特点的训练体系，结合球队的客观实际安排训练内容与方法，在训练中及时了解运动员的真实水平和困境，对球队的发展趋势给予密切关注，注重教育指导，并激发运动员训练的主观能动性。

在网球队训练中，要将体能、心理及技战术训练有机结合起来，打好体能和心理基础，以更好地提升技能。要通过科学训练提高运动员的网球竞技水平，需要从以下四方面着手。

首先，合理安排训练时间和密度，循序渐进地训练，以免给运动员造成太大的压力与过重的负担。

其次，增加运动强度的同时对训练质量给予高度关注，否则运动强度的增加是没有意义的。为保证以适宜的训练强度取得良好的训练效果，教练员在训练中必须严格要求运动员，避免运动员盲目加大运动量而得不偿失。

再次，注重训练的持续性，寒暑假时间也不能停止训练，这样才能使运动员的技能水平不断提高，保持良好状态。如果训练中断太久，运动员需要很长的时间才能恢复原来的水平，这会直接影响训练进度与比赛成绩。

最后，通过参加比赛来验证日常训练成果，提高运动员的训练积极性和实战能力。

（二）基于运动员的建设策略

构建高效的网球运动团队的关键在于精准的人才甄选。为了实现这一目标，高校需优化其招生流程，教练团队应凭借丰富的教学经验和独特的运动视角，对候选人的全面素质进行深度剖析。设计一套严谨的选拔程序，包括初步筛选、深入面试和最终定夺，考察的内容涵盖了技术基础、训练投入、战术理解、心理承受力、团队协作及体能状况等多元维度。教练们应持续追踪候选者的体能表现，通过实战模拟比赛来评估他们的竞技实力和运动精神，同时根据个体差异定制专属的角色定位和战术策略。这样，才能确保他们在大学级别的网球竞赛中最大限度地释放潜能。

（三）基于教练员的建设策略

1. 培养教练员的综合能力

构建高效网球运动团队的关键在于教练队伍的专业提升。鉴于大学生在实战经验和战术理解上的不足，教练不仅是发掘运动员潜能的引导者，更是他们成长的催化剂。高校应当强化对教练队伍的能力建设，着重关注他们的专业发展，确保他们具备充分胜任的能力。高校可以优先发掘和培养校内的网球教学精英，进行专业和非专业的系统培训，内容涵盖网球训练技巧、竞赛规则、指导技能、队员管理、心理调适、交际能力和压力应对等多方面。这样的策略旨在锻造出全能的网球教练员。同时，应推动教练职业化进程，促使他们从单纯的执行者转变为策略制定者，并能够全情投入教练工作中。实施激励机制，将比赛成果与薪资待遇挂钩，激励教练主动求知以及创新网球教学思路，进而提升学校在赛事中的竞争力。

2. 优化教练员队伍

目前，我国高校教练员很少外出参加培训与学习交流活动，一方面是活动本身就少，没有机会参加，另一方面是教练员没有时间或主观上不愿意参加。对此，有关部门应将教练员培训与管理充分重视起来，为教练员多提供一些培训与学习交流机会，鼓励运动员参加有价值的培训活动，促进教练员知识的更新与完善，同时也能利用这个机会对有潜力的教练员人才进行挖掘与培养，扩大教练员队伍，优化教练员结构，提升教练员队伍的整体水平。高校应给教练员提供一些去专业网球队进修的机会，开阔其视野，使其在专业化学习的基础上掌握更多科学先进的训练方法。

此外，高校应加强对教练员队伍的科学管理，建立合理的奖惩机制，根据教练员的综合素质、执训情况和带队参赛取得的成绩对其进行适当的奖励与惩罚。这有助于将教练员工作的积极性充分调动起来，也能激励教练不断提升自己。

（四）基于球队训练的建设策略

1. 提升网球队训练的科技含量

传统训练理念与模式有些保守和呆板，主要通过对运动员生理潜能的挖掘来提高成绩，这会给运动员造成很大的压力，而且效果也不理想。为进一步提高运动员的训练水平，应在训练中树立正确的"育人"理念，发挥教育在运动员培养中的作用，并用"智能"替代"体能"，提升训练方法的科技含量，提高训练效果。

大学生网球运动员的技能水平及提升速度受其自身文化素质的影响。提升运动员的文化素质，对进一步挖掘其潜能，促进其潜能的开发有重要作用。运动员体能上的不足可通过开发智能得到弥补。从智能角度提升训练的科技含量，还能促进运动员的全面发展，能有效提高运动队的综合素质。

2. 处理好学训关系

高校网球运动员的学习和训练既相辅相成，又相互对立，只有正确处理好运动员学习与训练之间的关系，妥善解决二者引起的矛盾与问题，这样才能保证大学生运动员既能学到专业知识，又能提升网球技能水平。在处理学训关系上，应从以下几方面着手。

第一，专门针对大学生运动员制订一套管理制度，要考虑到运动员的特殊情况，不要对运动员与非运动员进行统一安排和管理。

第二，高校从自身教学条件出发，根据运动队训练与重大比赛的时间安排开展小班授课，以免运动员因训练和比赛而耽误了文化专业的学习。

第三，教练员不仅要重视对运动队训练的监督，还要关心运动员的学习成绩，引导运动员正确对待学训关系。

第四，对于在重大网球比赛中取得优异成绩的网球运动员，可适当采用一些奖励政策，如减免学分等。

第五，对在校大学生运动员可以放宽毕业年限的限制，运动员学分修满即可毕业。

（五）其他方面的建设策略

1. 增加球队经费

想要构建强大网球团队，资金支持不可或缺。大学应当积极调整财政策略，确保球队的稳健运行。首先，优化设施配置，如升级至专业水准的草地球场和扩展观赛区域，以此激发学生的参与热情和观赏欲望。其次，引入高端训练器械，并强化运动员的营养补给体系，以提升他们的竞技环境。此外，强化网球社区的培育，通过定期活动和引进职业导师与选手，培育校园内的网球文化。最后，可以设立竞赛基金，增设奖项，策划跨校赛事，这不仅有助于运动员实战经验的积累，也可进一步提升学校的知名度。

2. 加强球队日常管理

球队建设的难点在于球队的管理。首先，高校需强化网球队的规范化管理，设立明确的行为准则和日常运行规范，包括科学的训练规划。特别设立专项管理机构，其核心理念在于强调团队的整体利益，鼓励运动员具备团队精神和个人奉献精神，积极展示他们的专业素养和竞技热情。促进内部交流的开展和反馈机制的完善，鼓励球员分享比赛经验和技术难题，引导球员对出现的问题进行自我反思和持续改进。球队要设定明确的训练频率、计划、时间表和多元化训练形式，确保每个环节都严格执行教练的指令。对于任何偏离规定的行为，如不服从指导，将实施适当的纪律处分，包括暂停训练甚至退出队伍。同时，将网球队的成绩与学生的学术评价紧密相连。球队应实施有序的集训制度，合理分配运动员的时间，以保证他们在学习和训练之间找到平衡。球队也要设立监督和后勤支持团队，前者负责全程监督和质量把控，后者则确保运动员在后勤保障上的无忧。这样全方位的管理策略旨在激发运动员的潜能，提升团队凝聚力，从而在激烈的竞争中脱颖而出。

3. 加强球队与互联网的融合

在信息时代，互联网技术越来越先进与完善，其在社会发展中起到了举足轻重的作用，在各领域的应用越来越频繁，扮演的角色越来越重要，其中包括体育领域与教育领域。在"互联网+"背景下建设高校网球运动队，应将微信交流群、微博公众号等互联网资源充分利用起来，从运动队训练理念、管理模式、信息获取及便捷服务等多方面为运动队的建设创造有利条件，具体应用模式如图 6-1-1 所示。

（1）网络化球队管理

在现代教育与管理中，网络是必不可少的工具，教练员对运动员进行管理就可以采用这一工具，如制订训练计划等。反过来，运动员也可以利用网络工具评价教练员的训练与管理工作，适时反馈与客观打分，让教练员及时调整与改进。

（2）网络化球队训练

直观是网络教学的优势，教练员为运动员讲解与示范网球技术的分解动作时，可播放优秀网球运动员的视频，深入剖析，提高运动员的学习效率。

（3）网络信息获取

在互联网时代，信息传播的快捷性和时效性为运动队提供了丰富的参考资料，利用互联网及时了解关于网球运动的最新动态，能够为运动队训练提供方向与参考。

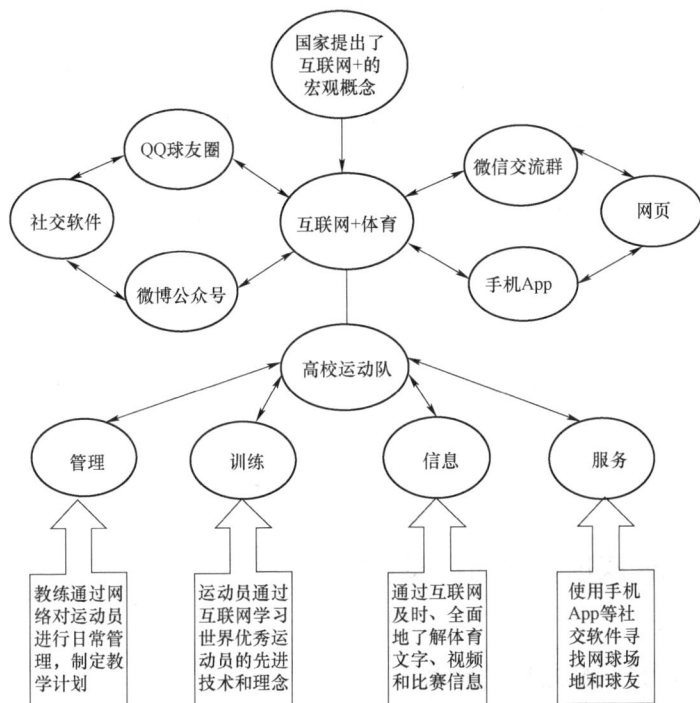

图 6-1-1 "互联网+"模式

（4）网络便捷服务

通过手机 App 等网络资源能够为运动队训练约场地，解决高校网球场地无法满足运动队训练需求的问题。

第二节 高校网球社团建设

网球作为一项新兴的体育运动项目，因其自身具有的新颖与挑战性而深受广大高校学生的青睐。目前网球在我国高校主要以社团的形式在发展，高校网球社团作为推动中国网球发展的中坚力量，对我国网球的发展起到了重要作用。

一、高校网球社团的定义

由于高校网球社团在我国成立的时间较晚，目前国内关于高校网球社团概念的定义还没有太多阐述，目前已有的对于高校网球社团的定义多是参照对高校体育社团的定义来界定的，如江鹤在对营利性网球俱乐部研究的基础上给网球组织下了定义，他认为"所谓的网球组织就是以网球为活动内容，由共同网球爱好的人们自发组织起来的社团组织，这种组织在满足人们参与网球活动需要的同时需要收取一定费用来保证活动的正常开展"[①]。本书在借鉴前人对体育社团及高校体育社团概念界定的基础上，认为高校网球社团是指普通高校为了满足在校大学生参与网球的需要，在学校相关部门的监督与管理下开展的以网球为主要内容的非营利性的学生组织。

二、高校网球社团的管理制度

（一）高校网球社团的章程

所谓网球社团组织章程是指经过网球社团成员共同认可的关于该社团宗旨、活动准则和治理结构等，并由会员共同遵守的规则，它是网球社团自律性文件。高校网球社团的健康发展离不开完善的运营管理体系，为了强化社团管理并提升工作效率，一套严谨的规章制度显得尤为关键。首要任务是设立明确的社团准则，它旨在激发学生的运动热情，规定学生需定期定量参与社团活动，并实施严格的参与考核制度，除非有特殊情况，否则不允许请假。对积极参与者，社团会授予"优秀社员"荣誉，并由管理层颁发证书，同时争取学校认可，额外计入第二课堂学分作为激励。对于动机不纯且不履行义务的学生，社团会给予警示，若多次劝导无效则予以除名。明确规定训练规程，规则制订应兼顾个体差异，鼓励技术娴熟的

---

① 肖红艳. 湖南省高校网球社团研究［D］. 长沙：湖南师范大学，2015.

学生分享经验，打造互助学习的团队精神。同时，训练过程应融入道德教育，将技能提升与品德塑造紧密结合，以此培养学生的正直品格，同时提升他们的网球技艺。这样的制度设计旨在全面提升社团成员的综合素质，使之成为校园文化的重要组成部分。

（二）高校网球社团的组织结构

组织结构是高校网球社团实现其目标的手段，目标产生于组织的宗旨与使命，社团的组织结构应服从于组织的宗旨。高校网球社团，其设立宗旨在于满足广大学生对网球运动的专业知识需求与实际参与愿望。因此，在构建其组织架构时，必须严格遵循并紧密围绕这一宗旨展开。高校网球社团除应有宣传部、外联部等必备的部门外，还应有技术部、裁判部、竞技部、培训部、实践部等，资金投入是确保社团稳健运行的关键要素。同时，场地器材对于体育社团活动的顺利开展至关重要，而国内外赛事的观赏与体育知识的提升则为社团组织的持续健康发展提供了有力支撑。因此，当前高校体育社团应合理增设如财务部、信息网络部等部门，以优化资源配置，或适度精简机构，撤销部分非核心部门，以提升整体运行效率。

网球社团的裁判部致力于提升成员的裁判技能，通过深度研讨会和实践课程，培育专业裁判人才，并在实际赛事中磨炼其判断力，确保公正裁决，同时通过赛后评估强化他们的专业知识。在高校网球竞技中，诚信精神被高度重视，倡导参赛者秉持正直，以积极态度参与，这正是裁判部倡导的网球运动核心价值观。

组织部门活跃于跨校际的友谊赛组织，主要任务是巧妙整合各方资源，激发团队活力。

竞赛规划部门严谨管理校内赛程，主要任务是定制独特比赛规则，结合学校特色打造赛事，确保赛事流程顺畅，无懈可击。

对外联络部作为社团的外交大使，主要任务是积极拓展与其他社团及外部俱乐部的合作关系。通过签署合作协议，不仅增进交流，还借此机会吸取商业运营策略，再反馈给社团领导层以供参考。

宣传推广部门则是社团的视觉焦点，他们运用数字化平台如微信公众号，大力展示社团魅力，通过设计吸引眼球的海报，吸引新生的注意，扩大社团影响力。

（三）高校网球社团管理模式

1. 社长单独管理模式

这种模式是指部分对网球抱有浓厚兴趣的同学，积极联络同窗好友，共同发起组建了一个网球兴趣小组，并推举带头人担任社团会长。会长肩负社团各项工作的重任，并在必要时，会积极寻求校方或教师的支持与合作。这种管理架构展现出较高的运作效率和轻松、民主的团内氛围。然而，其也存在不足之处，即各团体的工作可能缺乏系统和科学的规划，其运作效果在很大程度上依赖于会长的组织和协调能力。

2. 社长管理，高校团委监督的模式

在这种管理模式下，所有活动的策划与执行，均由社长、副社长及管理人员共同负责，并接受学校团委的全面监督。每年，学校团委都会对每个社团的策划方案、规划计划、遇到的问题及取得的成果进行说明，并根据这些信息对每个社团的整体运营与活动质量进行全面评估，并给出具体反馈。这种模式的优势在于，通过学校团委的宏观指导，可以明确社团的发展方向，工作效率得到保障，整体发展呈现出规范化、制度化的特点。其也存在不足之处，即活动计划的制定主要依赖于学校内部，团委难以从实际操作层面提出更具针对性的建议。

三、高校网球社团内部建设

（一）高校网球社团的公信力建设

1. 高校网球社团的公信力的概念及作用

高校网球社团的公信力是指社会、学校、会员对网球社团的认可及信任程度，这种信任及信任程度会直接影响公众对组织的支持态度和行为。公信力是网球社团存在的"活水源头"，决定着网球社团的可持续发展。任何一个社团组织其公信力是通过组织的服务来实现的。组织服务的效果，它的服务与它的宗旨、目标的吻合程度是其公信力最重要的来源。高校网球社团的服务主要通过组织活动和通过活动表现出来的各部门、会员间的协调合作精神来实现。其途径是对所使用的效益和效率、会员期待或需求满足程度进行真实的承诺和交代，让公众了解网球社团组织的运作、服务、资金的使用及行政管理状况。对于高校网球社团组织来说，这种承诺和交代靠组织活动建设、社团干部、成员间的协调配合建设、品牌发展建设来推进。

2. 高校网球社团公信力建设途径

（1）组织活动

组织网球活动是网球社团服务的使用者——"会员"的具体需要。因此，网球社团通过满足会员需求并及时回应，来履行对会员的承诺，建立会员信誉的主要方式。

任何一个组织的建立都是因为需要。高校网球社团是因为学生对网球活动渴望和需要，因此满足会员活动的需要是网球社团对会员承诺，获得发展的基础。综上，考虑到网球社团的专业本质，其主要精力应该放在比赛和训练上。此外，社团积极参加公益性网球活动也是必不可少的。所以，网球社团在策划活动时，社团内部活动应当与社会公益性活动有机结合，并积极促进校际间的沟通与协作。网球社团的这种服务不仅满足了会员的需要，还增加了网球社团的活动范围，提高了社团的社会影响，也是履行对会员的承诺及给会员、学校和社会一个交代的有效途径。

（2）组织自律

网球社团组织的自律即自我交代，是社团组织对机构的使命和项目成果给予一个整体上的交代，它是由会员期望和对社团成员的专业标准之要求决定的。高校网球社团的机构自律是通过合作来达成组织目标，是通过社团的整体工作和工作方式向公众进行交代，是确保公众、学校和社会对网球社团保持信任，并吸引各方支持的关键途径，是建设公共信誉的重要方式。组织自律体系涵盖了网球社团干部的自我约束、成员间的协同合作、制度保障、使命感激发、自主性提升、信息公开透明、自律者尊严维护及内外部评估等多个方面，确保了社团的规范运作和高效发展。

（二）高校网球社团的信息化建设

1. 高校网球社团信息化建设的必要性

现代社会信息网络已深入每一个人的生活中，特别是高校学生，信息是他们了解外界、获取资源的主要渠道。从组织科学管理的角度看，信息是组织系统的基础组成部分，在网球社团组织中起到了连接不同层级之间的桥梁和纽带的作用，在横向联系中扮演促进互相协调的中介角色。

2. 高校网球社团信息化建设途径

（1）建立社团机构网站

电视、广播、报纸、墙报等传统信息媒介在现代高校信息传播中已显得力量单薄，各高校网球社团要通过建立社团机构网站，充分利用虚拟空间资源，促进交流、展示机构形象、寻求合作与发展。网站界面设计应包括组织机构设置，组织宗旨、人员、设备、组织资金等资源配置情况，以及服务对象类型、组织活动方式、活动安排情况等介绍。为了便于操作和维护，网站技术应兼顾静态和动态的技术结构设计，选择信誉良好的技术合作方和服务器托管商。通过合理的组织机构和管理手段保障网站的日常更新和维护，避免因网站信息滞后，网站运行不畅而对社团造成不良影响。根据网球社团发展的需要，应该有计划地进行阶段性改版，使网站能够充分服务于组织，并为组织带来生机和资源。这样一来，社团组织通过自己的群联、博客，加强组织成员内部及与组织外部的信息沟通。

（2）建立周期性比赛机制

制订定期的社团内部竞赛计划。网球比赛能够展示学生经过训练所取得的进步，并为后续练习提供指导。网球比赛的举办为学生提供了丰富多彩的课外活动，吸引了更多学生积极参与。打网球是一项优雅时尚的运动，有助于大学生提高身体素质和心理素质，培养终身运动的意识，促进校园文化的发展。对于举办周期性网球比赛，学校应大力支持，并提供奖励；社团投入资金购买奖品，以激励成员积极参与比赛，向表现出色的选手颁发奖状和奖品，以此激励其他学生也加入网球运动；宣传部门则可以通过比赛视频展示学生顽强拼搏的精神，以吸引更多学生参加网球社团，实现扩大规模的目的。

（3）建立社团联盟

高校网球社团构建社团联盟，对各校网球社团的发展具有积极的推动作用。社团联盟为各高校提供了举办友谊赛的契机，这不仅增强了彼此间的互动与合作，更通过实战交流，促进了网球技术与比赛经验的迅速提升。当同一城市内的高校成功举行交流比赛时，可为其他高校提供学习经验，为日后活动的开展提供宝贵的参考。此外，联盟内的高校更应积极组织联盟交流赛，这样的交流具有双重效益：其一，通过与不熟悉的对手进行切磋，能够迅速提升网球技术与实战能力；其二，各高校社团管理人员间的深入交流，有助于共同探讨和借鉴各自高校网球社团的管理与运作经验，实现资源共享、优势互补，共同推动高校网球社团向更高水平迈进。

（三）高校网球社团资金的筹集与运营建设

1. 高校网球社团资金筹集途径

网球社团的日常运作和教学工作都需要资金支持，毫无疑问，经费对于规模较小的普通高校网球社团来说是至关重要的。然而，在实际情况中，学校的经费和会员的资金相对有限。社团需要依靠外部资源和社会的支持才能持续运营。因此，为了确保社团能够持续发展，我们需要提升社团的文化和声誉，吸引外部资金来支持社团的运作。

具体途径如下。

（1）推行网球社团活动的人性化

社团应把会员当成组织的顾客、拥护群，应全面分析会员的需求，努力满足他们的需要。当代大学生对网球社团活动内容创新、组织创新、活动项目创新有一定的要求，因此，这就需要网球社团骨干成员大胆地思考、谋划和创新，不断革新网球社团活动的内容和组织形式，吸引更多学生参加网球社团，提高社团的会费收入和活跃度。

（2）推行网球社团活动的项目化

网球社团充分发挥专业力量，努力取得优异的成绩，创建有影响力的品牌项目，以赢得社团和学校的声誉为宗旨，争取学校等向社团"采购"项目或服务，以支持社团的发展和壮大。

（3）推行社团活动的社会化

大学网球社团可以利用自己的专业技能为社会提供有偿服务，以增加社团的收入。企业或公司对网球社团提供赞助，不仅可以用来进行广告推广，还能够加强其在该行业的竞争力。通过赞助商的支持，可以在确保企业或公司对学校网球社团的投资稳定的同时，也为赞助商带来盈利。社团还可以参考美国学生社团的成功实践，充分利用自身优势，对外提供广告宣传服务、与企业合作成立运动队伍或活动冠名等服务形式，积极争取社会各界的资金支持，以助力团体活动的持续开展与提升。

（4）推行网球社团活动的实体化

为进一步提升自我发展和持续运营能力，网球社团可依托其独特的专业优势，积极策划并开展一系列针对广大在校学生及社会各界的有偿服务活动，如通过网球运动比赛、表演收取门票；举办网球运动项目、教练员、裁判员培训班收取培训费；出售网球运动服装、器具及自办报刊等获得收益。

（5）开展公益及网上劝募活动

关于网球社团活动，要积极拓展校际、国内外高校间的交流与合作渠道。高校网球社团通过举办各类大型公益活动，能加强学校与社会各界的紧密联系，树立学校良好的社会形象，赢得公众的广泛信任与支持。同时，网球社团也要主动寻求社会各界的捐赠与支持，为网球社团的持续发展提供坚实的物质保障。同时，利用现代社会的信息化，各高校体育社团可以通过建立的网球社团网站，利用网络的宣传优势推行互联网劝募。

通过多种途径的筹款并举，可以解决网球社团资金困境，进而可以开展网球活动，网球社团的发展建设就有了希望。

2. 高校网球社团运营建设

（1）持续加强高校对网球社团的扶持

高校网球社团的发展离不开学校的支持，但当前社团在场地、经费、指导、推广等方面还存在不足。为了加强社团发展，社团管理者应配合场馆主管单位，延长活动时长或联络校友增加资金。学校、社团管理者和会员应共同监督与建言，推动社团发展。例如，建立长期考核机制，强化社团工作；加强场馆设备保养，制订自我评估体系；鼓励成员参与社团工作，建立咨询邮箱。管理人员应根据学校方针和现实状况提出对策，提升社员热情，推动社团发展。

（2）加强指导网球社团文化底蕴

在高校中，团委作为网球社团主要管理者之一，对社团的发展发挥着至关重要的作用。它肩负着网球社团深化发展和文化内涵积淀的重任，应当将社团的培育提升到战略高度，通过精准调控确保社团稳健发展。社团联合会作为高校社团管理的核心机构，如同桥梁般连接着团委与社团，其在推动社团文化塑造上也具有显著影响力。团委、社团联合会、社团应密切配合，即高校团委应首先明确并传达网球社团文化建设的详细蓝图至社团联合会，接着，联合会再将这些策略逐一传递给网球社团的负责人，由他们负责社团文化的实际操作和落地执行，这样的流程确保了文化导向的一致性和执行力的高效性。

第三节　高校网球俱乐部建设

一、高校网球俱乐部的概念、类型和作用

（一）高校网球俱乐部的概念

高校网球俱乐部是高校体育俱乐部的组成部分，它是在学校行政部门的领导下，由学校体育部门进行管理和运营，目的在于增强学生身体素质，培养学生对网球运动的兴趣、爱好和终身体育的习惯。高校网球俱乐部依托学校资源，由专业的网球教师、教练进行训练和指导，学生参与其中，通过训练和竞赛的形式，促进高校网球运动的发展。

（二）高校网球俱乐部的类型

目前，我国高校网球俱乐部大致可分为三种形式：课外网球俱乐部、课内网球俱乐部和课内外一体化网球俱乐部。其中，课内网球俱乐部由教师设计和指导，在教学中采用俱乐部的组织形式和方法；课外网球俱乐部是由学生自己设计和组织的，在课余时间，学校为学生提供有偿场地或场馆；课内外一体化的网球俱乐部由教师和学生共同设计，以网球教学为核心，以学生参与网球比赛和网球训练为补充。课内外一体化的网球俱乐部，根据其具体功能大致可分为三类：专业教学型、课外健身型和竞技训练型。它们是学校体育的一种新体系，具有内外结合、点面结合、层次性、个性化等特点。下面主要对课外网球俱乐部进行阐释。

（三）高校网球俱乐部建设的作用

现阶段，课外锻炼在高校的地位不断提升，甚至被放在与体育课堂教

学同等的高度。作为高校网球课的延续，高校网球俱乐部能够对网球课堂教学存在的弊端进行弥补，帮助大学生养成良好的网球运动习惯，引导大学生树立终身体育理念。

高校网球俱乐部也是高校网球与社会网球互动的"桥梁"，各高校只有合理有效地衔接好网球俱乐部与网球课，才能实现学生身心健康和全面发展的教育目标。下面具体分析高校网球俱乐部建设的重要作用。

1. 营造校园网球文化氛围

网球俱乐部是高校网球运动的一个重要组成部分，也是传承高校网球文化的重要载体。高校网球俱乐部等各种体育俱乐部的成立反映了高校体育的延伸和新的发展趋势，建设网球俱乐部能够使大学生的课余生活更加丰富，还能创造良好的社会效益。俱乐部活动丰富多彩，能够提升大学生的网球兴趣，让大学生自觉参与网球运动锻炼、训练和比赛，这有助于营造健康活泼的校园网球文化氛围。

大学生在参与俱乐部网球活动的过程中，不但能够提升自己的网球技能，还能对网球运动的背景知识有更多的了解与认识，其网球文化素养也会得到一定程度的提升。

2. 提升学生的团队协作能力

高校网球俱乐部最鲜明的特点就是俱乐部成员要同时担任多个角色，如俱乐部活动的参与者、组织者与管理者。对网球运动感兴趣的大学生因共同的爱好而聚集在俱乐部中，俱乐部成员不断增加，俱乐部规模逐渐扩大，因此迫切需要进行科学的组织与有序的管理。因为高校网球俱乐部是非营利组织，所以经费很少，如果要聘请专门的管理人员则需要支付一定数额的报酬。为了避免造成经济负担，一般都是由俱乐部中网球运动经验丰富或具有组织管理能力的大学生担任俱乐部管理者。俱乐部成员应有明确分工，各司其职，各尽其责，在场地维护、日常管理与赛事组织等方面共同促进俱乐部的运行。在俱乐部中扮演不同角色的成员能够在履行自身职责的同时学会与团队其他成员友好沟通与协作，这对其团队协作能力、社会适应能力的提升都有重要意义，这些能力的提升也能为大学生将来适应和融入社会打下基础。

3. 提升网球运动的竞技水平

组建学校网球俱乐部可以将校内外网球爱好者聚集在一起，通过参加俱乐部内开展的网球技术训练、网球理论知识讲座、网球比赛、校际俱乐部联赛等各种活动来弥补网球课上受课时、场地、生源等因素的限制对网球运动发展的影响，从而提升高校网球运动的竞技水平，增强高校综合影响力。

二、高校网球俱乐部的活动和组织管理

在网球运动方面拥有共同兴趣的大学生汇聚在网球俱乐部中，他们之间相互交流，相互切磋，互帮互助。俱乐部根据这些成员的实际情况组织形式丰富多样的网球活动，灵活安排活动的时间与内容。

（一）高校网球俱乐部的活动内容

高校网球俱乐部是由学校搭建平台，大学生自觉参加、自我管理及独立运营的网球组织机构，网球俱乐部的活动内容主要包括以下三种。

1. 日常训练

一般要以网球运动的特点、学校网球场地设施条件、俱乐部经费情况、俱乐部成员的课余时间等客观因素为依据对网球练习时间进行科学合理的安排。通常每周练习次数是 2~3 次，尽可能利用俱乐部成员的课余时间来安排练习，保证成员有时间参加。

2. 比赛

网球比赛对大学生竞争意识、集体主义精神、团结协作能力、实战能

力及道德素养的提升都具有重要的促进作用。高校网球俱乐部一般以网球运动自身特点、学校网球场地设施条件、俱乐部经费情况等实际因素为依据而定期举办不同级别的网球比赛，或俱乐部成员会参加其他机构组织的网球比赛（如校内网球教学赛、体育协会组织的高校网球比赛、社会业余网球比赛等）。

比赛是检验俱乐部成员日常训练效果的最佳方式，俱乐部成员通过参加比赛能够及时发现自身的问题，从而有针对性地进行调整，不断提高自己的技能水平。高校应多鼓励大学生参加网球比赛，并从经费上提供支持，使大学生在社会实践中不断成长与发展。

3. 理论学习

高校网球俱乐部也会从自身实际出发定期组织理论学习活动，邀请专业教师来授课，讲授内容主要是网球技战术理论、网球文化知识、网球规则与裁判知识等。理论学习活动的组织能够促进俱乐部成员网球知识的丰富和理论水平的提升，也能使俱乐部成员对网球项目的最新动态有所了解。

（二）高校网球课外俱乐部的组织与管理

所谓组织结构，是指组织中正式建立的能够分解、组合和协调工作任务的框架系统，组织的绩效在很大程度上取决于适当的组织结构。现代组织结构理论认为，组织结构影响着组织行为，也影响着组织成员的行为方式，同样，组织结构对其服务对象也有着深刻的影响。

1. 俱乐部的组织形式

一般可采用两种方法来确定高校体育俱乐部的组织结构，分别是自上而下（见图 6-3-1）和自下而上（见图 6-3-2）的方式。高校不同体育项目俱乐部均可参考这两种形式来确定组织机构。同样，高校网球俱乐部建设中，可根据学校实际情况而选择其中一种方式来确定组织机构。

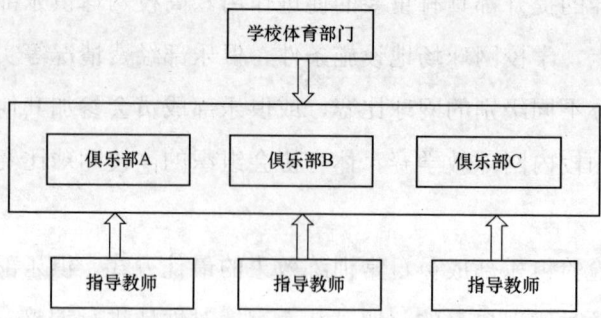

图 6-3-1　自上而下的组织结构

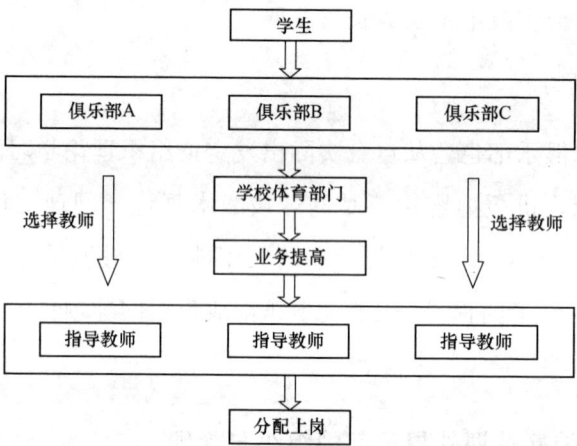

图 6-3-2　自下而上的组织结构

高校网球必修课带有强制性，而作为业余体育组织的高校网球俱乐部具有自由、自主、自立、自愿等特点，二者具有本质上的不同。因此，高校网球俱乐部的建立需贯彻以下三项原则。

第一，教育性与娱乐性结合的原则。

第二，自愿性与规定性结合的原则。

第三，自主性与指导性结合的原则。

高校网球俱乐部中的各项事务应有专门的人来负责，负责人一般都源自俱乐部成员，由成员推选，各项事务的负责人要明确自己的角色与职责，尽职尽责。各负责人之间要加强沟通，协调举办好各项活动，推动俱乐部的可持续发展。

2. 俱乐部的管理模式

高校体育俱乐部是在学校统筹指导下，由学生自发组织、自主管理，免费或活动经费自筹的非营利性团体。俱乐部的教练团队可由学校调配或俱乐部自主聘请，在管理体系方面实行统一领导、分级管理。学校主管体育的负责人担任俱乐部的总负责人，对俱乐部的整体工作进行规划和指导。教务处、体育部和学生体协则作为具体执行机构，分别负责项目、教研室、教练组和各系各年级的日常工作。这种管理模式有助于确保俱乐部工作的有序开展，提高管理效率。网球俱乐部等单项俱乐部作为高校体育俱乐部的重要组成部分，为广大学生提供了丰富的体育活动选择。同时，俱乐部也致力于实现课内外教育的有机结合，为学生提供更加全面、系统的体育教育，培养学生参加体育锻炼的良好习惯和终身体育意识。

三、高校网球俱乐部存在的问题与建设策略

（一）高校网球俱乐部存在的问题

随着我国高校网球俱乐部的不断流行，加入俱乐部的成员越来越多，随之也出现了越来越多的问题，只有将棘手的问题妥善解决好，才能实现网球俱乐部的可持续发展。

1. 场地问题

在高校网球俱乐部的运行中，活动场地的问题非常关键，如果高校的网球场地设施齐全，可以满足教学与俱乐部活动需求，则俱乐部可向学校有关主管部门申请使用权，待审批后方可使用。如果学校的网球场地不足，则要适当运用社会体育资源，这就涉及经费问题，学校和俱乐部应共同承担这部分经费。

2. 经费问题

高校网球俱乐部的运营经费主要有两种来源：一是学校财政拨款，二是会员定期交纳的会员费。俱乐部经费的支出要得到俱乐部成员的同意，应由专人管理经费，每一笔来源与支出都必须清晰无误。

经费来源渠道少、经费不足的问题对网球俱乐部举办活动造成了严重的影响。对此，学校应根据实际情况适当增加拨款数额，俱乐部也应想方设法扩大经费来源渠道，通过多途径筹集经费。如面向社会有关机构、企业拉赞助等，筹集的经费应由专人负责管理，要做好各项计划，避免资金浪费或分配不合理。

3. 出勤问题

高校网球俱乐部组织的各项活动中，很少有全体成员都参加的情况，学生出勤率较低的问题普遍存在，这直接制约了高校网球俱乐部的发展。解决这个问题，首先要清楚成员缺席的原因，常见的有以下三方面的原因。

第一，俱乐部活动时间与学生上课时间冲突。

第二，俱乐部成员主观上不愿意参加。

第三，俱乐部对成员没有很强的约束力等。

针对上述几点原因，俱乐部管理者要对症下药，有针对性地加以解决，具体解决方法如下。

对于上述第一点情况，解决方法是适当增加俱乐部的活动次数和时间，如一天分上午、下午举办同一活动，让成员根据自己的课余时间来选择参加上午的活动还是下午的活动。

对于上述第二点情况，解决方法是不断拓展俱乐部的活动内容，增加有趣的、能够满足成员需求的活动内容，高年级成员对新入会成员进行指导，使新会员尽快适应俱乐部环境。

对于上述第三点情况，应该给予高度重视。高校网球俱乐部是一个自发组织的体育社团，该社团对成员出勤率的约束不像体育课那样具有强制性，因此造成了学生懈怠和不愿参加活动的问题。对此，俱乐部管理者应制订详细的管理条例，并下发给每个成员。在俱乐部成员的考核中，将出勤率作为一项考核内容。

（二）高校网球俱乐部建设策略

1. 俱乐部章程建设

俱乐部的章程旨在规范学生在高校网球俱乐部的行为。高校网球俱乐部制订章程，原则上应由学院统一制订一个通用的范本，网球俱乐部根据此范本制订较详细的各项目的章程，并根据实际情况做适当的补充。

网球俱乐部据范本制订的章程，须报学院体育主管部门核准方能生效。一般来讲章程包括以下内容，仅供参考。

第一章　总　则

第一条　本俱乐部定名为×××学院×××网球俱乐部（名称应当规范，包括英文译名、缩写，不得冠以"中华""中国""全国"等字样）。

第二条　本俱乐部性质是×××（要体现党的教育方针、公益性、教育性）。

第三条　本俱乐部宗旨，是认真贯彻党和学院的体育工作方针和政策，根据《中华人民共和国体育法》及《中华人民共和国教师法》有关规定，大力开展×××活动，促进×××的提高，使具有相同爱好、相同兴趣的学员在本俱乐部中得到相互交流、互敬互爱、共勉，加强团队的锻炼，为社会主义精神文明建设服务。

第四条　本俱乐部的业务主管单位是学院教务部门及学院体育部门双重管理。自觉接受业务主管部门的指导和监督管理。

第五条　本俱乐部活动场所为×××（必须说明详细地点或场地）。

第二章　俱乐部开展活动范围

第六条　本俱乐部×××学期活动范围：

（一）×××。

（二）×××。

（三）×××。

（具体说明所从事的项目内容和种类）。

第三章　负责人（学生）的产生、罢免

第七条　除教师以外本俱乐部的负责人由入该团队的全体学生推选确定，每学期或学年进行改选，其职权是如下。

（一）参与制定本俱乐部的发展规划。

（二）参与制定本俱乐部的工作计划。

（三）参与制定和修改章程。

（四）决定内部管理机构的设置：群体部、竞赛部、检查组等。

（五）参与决定其他重大事项。

第八条　召开学期或学年俱乐部会议。

第九条　本俱乐部负责人的罢免程序是：（必须是团队 1/2 以上的学生认为必要改选或是该负责人不能履行职责，召开全体大会进行改组）。

第十条　负责人（学生）必须具备下列条件。

（一）政治素质好。

（二）身体健康，积极性高。

（三）技术较全面。

（四）具有组织能力，群众基础好。

第四章　附　则

第十一条　本章程的修改，须报体育主管部门审批。

第十二条　本章程的解释权属学院体育部门和任课教师。

第十三条　生效。

2. 俱乐部管理机制建设

建立、健全网球俱乐部的管理机制是实现俱乐部管理规范化的必要前

提条件。高校网球俱乐部的建立必须要求正规的管理机制，包括俱乐部会员的权利与义务、管理制度及财务管理规定等。俱乐部日常活动的管理应遵循学生自治和民主管理的原则。学校应该充分发挥学生的积极性，让协会会长负责俱乐部日常的管理与运作，学校的管理部门负责监督，指定一名专业的网球老师对俱乐部活动的开展、联赛的举办进行指导。学校应结合教育部的相关规定制订一个科学合理的学生俱乐部管理制度来规范网球俱乐部的运行，学校各级部门按照相关规定为网球俱乐部发展创造有利条件。

第四节　高校网球复合型人才基地建设

一、高校网球复合型人才基地的定义及建设意义

（一）高校网球复合型人才基地的定义

高校网球复合型人才基地是将高校中热爱网球运动的大学生组织起来，对其进行多方面的专项培训，包括网球技术培训、礼仪培训、规则培训等，并结合大学生所学专业所建设的教学与实践相结合的人才培养基地。

在就业需求下建设这一人才培养基地，有助于引导大学生发现适合本专业与自己兴趣爱好的实践活动，促进大学生学习更多的专业知识和具备良好的实践操作能力，并通过丰富多彩的、底蕴深厚的网球文化的熏陶，有效提高大学生的文化素养。

（二）建设高校网球复合型人才基地的意义

高校网球课的设置形式以选修课为主，目的是培养学生的兴趣，使其掌握基本的网球技能，为终身体育打下基础。有些大学生十分热爱网球运

动，也有良好的运动基础，积累了一定的实践经验，水平较高，他们一般会加入学校网球队，接受专业训练，并参加较大规模的网球比赛。传统网球教学只关注学生是否掌握了网球技术，而对学生的专业和社会需求没有给予必要的关注，没有从就业的角度对学生进行实践技能培训，从而导致学生所学技能与专业、社会需求相脱节，也影响了学生毕业后从事网球相关行业的工作。有些学生有毕业后从事网球相关工作的打算，他们为了锻炼自己，会在一些比赛中申请做实习生与志愿者，但这样的机会毕竟是少数，学生也需要花费一定的资金，实习过程中还会遇到很多难题与障碍，实习质量也未必可以达到预期。

当前，网球运动在我国越来越受关注，参与网球运动的人越来越多，网球人口规模不断扩大。与此同时，我国体育产业也在快速发展，大众体育消费水平不断增长，这为我国网球产业的发展提供了良好的条件。网球运动在我国有广阔的市场和发展空间，我国也急需一批优秀的人才来投入网球产业中，促进网球产业的发展。目前来看，我国从事网球行业的工作人员中，来自专业体育院校的占较大的比例。这些从业人员具有较强的网球专业技能，但并不具备较高水平的综合素质，如普遍存在外语水平低、管理能力差等问题。而高校建设网球复合人才培养基地，能够有机融合网球教学与就业，培养能够适应我国网球产业要求的新型人才，同时这也能够为大学生毕业后顺利就业奠定基础和提供方向。因此，高校建设网球复合人才培养基地是非常必要的。

二、高校网球复合型人才基地建设案例分析

高校建立网球复合型人才培养基地需要具备一定的条件，如拥有优秀的师资队伍、对网球及网球行业感兴趣的学生多、有实力较强的合作单位等。下面主要以北京第二外国语学院为例分析该校在网球复合型人才基地建设方面的优势及建设方案。

（一）网球复合型人才基地建设优势

1. 师资力量较强

北京第二外国语学院网球复合型人才基地的教师团队主要由本校相关专业的优秀教师和校外专业人员组成，教师中既有教授、副教授，也有讲师，校外人员主要是资深网球媒体人。该团队成员配置合理，各成员都有明确的分工。在本项目中，主要负责人杜宾负责组织及引导整体项目的实施，副教授刘满和许忠伟分别负责项目中学生科学研究指导和网球产业方面的社会实践指导。教授李向民，讲师秦庆林和助教刘鹏分别对英语、法语、西班牙语的社会实践指导进行负责。吴文胜和刘亚兰分别负责体育新闻媒体方面的社会实践指导和实践成果统计。

这里重点介绍一下北京第二外国语学院网球复合型人才培养基地项目的负责人杜宾，他是有多年网球教学经验的优秀教师，每年的课时量超过 500 学时，而且曾带领学校网球队在大型网球比赛中取得优异成绩。2009—2011 年，杜宾被借调到国家体育总局网球运动管理中心担任国家软式网球队男队主教练，并带队参加 2010 年广州亚运会，获得男子团体铜牌的好成绩，打破了国家软式网球男队在亚运会上零奖牌的历史。2008 年开始，杜宾担任北京体育广播网球赛事评论员，先后在北京奥运会、中国网球公开赛、法国网球公开赛等赛事中解说评论。2015 年，杜宾开始在中央电视台高尔夫网球频道担任解说工作，先后在法网、美网、温网、中网、年终总决赛、里约奥运会等重大网球比赛的决赛中解说。

综上分析，北京第二外国语学院拥有较强的网球师资力量，他们在网球复合型人才培养基地建设中发挥着非常重要的作用。在他们的努力下，基地建设能够取得良好的成果，能够培养出更多的优秀网球人才。

2. 学生的参与度和关注度较高

网球运动在北京第二外国语学院具有良好的学生基础，对网球实习工作有兴趣的学生非常多，他们希望有良好的实习机会，以发挥专业特长。教师也在为学生提供一些相关实习机会，学生的态度非常积极。

3. 合作单位实力较强

（1）北京好动体育科技有限公司

北京好动体育科技有限公司是北京第二外国语学院网球复合型人才培养基地项目的主要合作单位，这是我国发展较好的一个与网球有关的公司。该公司以线上网球平台为先导；线下教育培训为核心；赛事、场馆为支撑，打造了良好的网球综合服务品牌，在我国产生了较大的影响力。好动网球先后在北京、上海、广州、武汉设立区域公司。好动网球还引入很多国际资源，如聘请形象大使张德培，与纳达尔网校、纳达尔青巡赛、美国大学网协创始人本杰明、国际网联前总经理兼网球发展总监道格等进行深度合作等。好动网球打造自主知识产权的 TEN 课程体系，把青少年网球教育分为 20 个成长阶段，每个阶段用赛事、游戏、评测和仪式感的奖励促使青少年成长。

目前，北京好动体育科技有限公司和北京第二外国语学院就网球人才基地建设项目达成了初步合作意向，好动网球根据北京第二外国语学院学生的特点，提供了多个实习职位，包括见习教练、海外事务助理、网球教育助理、课程顾问、对外汉语教学等。这些职位要求实习生要热爱和了解网球，有较强的外语能力。另外，好动网球还拥有自己的微信公众号，公众号粉丝有几十万人，随着不断深入合作，好动网球还会为北京第二外国语学院的新闻专业学生提供公众号运营、维护等相关实习岗位。

（2）网球天下（北京）信息技术有限公司

此外，北京第二外国语学院网球复合型人才培养基地项目还有一个实力很强的合作单位，网球天下（北京）信息技术有限公司。其整合全球和中国网球产业全产业链的各项资源，充分融合互联网、新科技与传统网球产业，创新并打通线上线下 O2O 平台。2017 年，该公司获得中国网球协会授权独家研发和运营中国网球协会官方 App。中国网球协会官方 App 是国内唯一一家官方专业网球新媒体网络平台，在网球行业内具有较高的知名度与影响力。有这样一个实力强大的合作单位，可为高校网球复合型人才基地建设提供极大的支持与便利。

综上分析可知，北京第二外国语学院建设网球复合人才培养基地具备良好的条件，可行性较高。

（二）高校网球复合型人才基地建设的基础方案

下面仍以北京第二外国语学院为例来分析该院校在网球复合型人才基地项目建设中设计与实施的基础方案。

1. 基地建设内容与目标

以网球复合人才培养基地为平台，在合作单位的支持下，结合学生所学专业提供网球相关实习机会。根据学生的不同专业进行专项培训，解决实习中可能遇到的问题，为实习的顺利进行打好基础，促进实习质量的提高。

在人才培养基地建设中，购置各种学习设备，为学生提供良好的学习环境，促进学生学习积极性与质量的提升，激发学生从事网球相关工作的积极性。利用基地建设的契机，不断对网球课程体系进行完善，教学团队也应不断提升自己的教学水平，为学生提供更好的教学服务。

2. 基地的组织管理

（1）人才培养基地有专门的负责人，负责指导学生并组织及引导整体项目建设、实施与运作。

（2）基地以网球运动为核心，以学生的不同专业为依据形成多个团队，团队成员主要是相关专业的优秀教师，教师团队主要负责专业技能、科学研究、社会实践等方面的指导工作。

（3）从学校网球队和俱乐部中挑选 3～5 名学生，负责基地的辅助性工作。

3. 基地的建设计划

北京第二外国语学院网球复合型人才基地建设的计划与进度安排如下。

（1）申报阶段（2017 年 12 月——2018 年 3 月）

完成申报书编写，制订三年发展规划。

（2）初期建设阶段（2018 年 4 月——2018 年 12 月）

① 基地初步运行，给学生提供练习机会。

② 组织 1～2 次网球技能培训。

③ 组织学生对自己专业的相关素材进行收集、汇总，各专业指导老师负责检查。

④ 指导学生参加网球比赛。

⑤ 给学生安排实习。

⑥ 指导网球队完成全年训练计划。

（3）中期建设阶段（2019 年 1 月——2019 年 12 月）

① 给学生提供练习机会。

② 各专业指导老师审核与修改学生整理的素材，培训学生，发现学生的问题，指导学生改进。

③ 组织 1～2 次网球技能培训。

④ 指导网球队完成全年训练计划。

⑤ 指导学生参加网球比赛。

⑥ 给学生提供更多的实习和参加实践活动的机会。

⑦ 制订并完成高校网球俱乐部活动计划。

（4）成熟阶段（2020 年 1 月——2020 年 12 月）

① 保证基地正常运行，为学生提供练习机会。

② 教师学生进行专业知识培训。

③ 面向网球俱乐部成员组织 1～2 次网球专项技能培训。

④ 指导网球队完成全年训练计划。

⑤ 指导学生参加网球比赛。

⑥ 学生实习和实践活动常态化。

参考文献

［1］张雨刚. 高校网球运动文化建设与技能教学研究［M］. 长春：吉林大学出版社，2020.

［2］王润平，贺东波，夏卫智. 当代网球文化与运动教程［M］. 北京：人民体育出版社，2008.

［3］张长俊. 新时代网球运动文化解读与学练实践指导［M］. 北京：中国水利水电出版社，2017.

［4］张景. 网球学［M］. 郑州：中原农民出版社，2017.

［5］孙立红. 高校网球教学理论与实践研究［M］. 长春：吉林出版集团股份有限公司，2023.

［6］李彬，梁伟江. 网球新时尚元素［M］. 成都：西南交通大学出版社，2015.

［7］李凌沙，文良安. 走近网球［M］. 长沙：湖南科学技术出版社，2001.

［8］张永垛，刘积德，段立军. 网球运动发展理论研究与学练实践［M］. 北京：中国时代经济出版社，2014.

［9］张荣魁. 我国高校网球教学与训练的多维度探析［M］. 长春：吉林大

学出版社，2012.

[10] 赵金林. 校园体育文化建设与实践探究［M］. 北京：中国书籍出版社，2018.

[11] 康华养. 新时期高校校园网球文化培育路径研究［J］. 冰雪体育创新研究，2022（14）：64-67.

[12]"中国网球历史文化巡展——石家庄站"盛大启幕打造网球文化打卡新地标［J］. 网球天地，2023（9）：38-39.

[13] 李晨. 高职院校网球文化建设模式分析［J］. 网球天地，2023（7）：78-80.

[14] 黄中俊，陈芳芳. 新时期校园网球文化活动对大学生人文素养的培育［J］. 文体用品与科技，2023（13）：168-170.

[15] 芒庆辉，申卫. 华德福教育概览［J］. 世界教育信息，2005（9）：19-20.

[16] 朱胜宇. 普通高校网球社团建设的发展现状与对策研究——以哈尔滨师范大学为例［J］. 体育视野，2023（4）：121-123.

[17] 夏磊. 高校网球文化建设对网球运动普及的影响［J］. 当代体育科技，2016，6（25）：60-61.

[18] 康华养，朱宁宁. 校园网球文化视阈下高校网球运动的发展路径［J］. 冰雪体育创新研究，2022（22）：79-82.

[19] 王宇辰，周钟琳，徐丞谊. 高校网球教学理念创新的思考［J］. 青少年体育，2019（8）：131-132.

[20] 彭金盎，王凯军. 体育明星崇拜视角下网球文化建设促进大众网球参与路径研究［J］. 文体用品与科技，2022（16）：198-200.

[21] 王克红. 贵州省普通本科高校校园网球文化建设研究［D］. 贵阳：贵州师范大学，2023.

[22] 曹乃鑫. 健康中国战略下"中国特色"网球文化研究［D］. 哈尔滨：哈尔滨体育学院，2022.

[23] 丁智勇. 成都市高校校园网球文化培育研究［D］. 成都：成都体育

学院，2021.

[24] 刘朋溪. 高校校园网球运动的文化建设研究 [D]. 北京：北京体育大学，2018.

[25] 孙晓艳. 吉林省高校校园网球文化建设情况研究 [D]. 长春：吉林体育学院，2016.

[26] 孙杨. 网球文化在长春市普通高校传播的现状与对策研究 [D]. 长春：吉林体育学院，2015.

[27] 李英豪. 西安地区高校校园网球文化研究 [D]. 西安：西安体育学院，2014.

[28] 李玉旭. 网球文化对我国网球产业的影响研究 [D]. 济南：山东大学，2014.

[29] 张青青. 成都市高校校园网球文化研究 [D]. 成都：成都体育学院，2013.

[30] 张铮. 北京市高校校园网球文化研究 [D]. 北京：北京体育大学，2012.